FEMMES ET DÉPENDANCES

DES MÊMES AUTEURS

WILLIAM LOWENSTEIN

La Méthadone et les traitements de substitution, avec Anne COPPEL, Laurent GOURARIER, Serge HEFEZ, Bernard LEBEAU, Éditions Doin, 1995.

Le toubib des toxicos est en réa, Jean-Claude Lattès, 1999.

Addiction aux opiacés et traitements de substitution, avec Mario SANCHEZ, Éditions John Libbey Eurotext, 2003.

Ces dépendances qui nous gouvernent, avec la collaboration de Dominique ROUCH, Calmann-Lévy, 2005.

Les Drogues, avec Dr Jean-Pierre TAROT, Dr Olivier PHAN, Pierre SIMON, Librio, 2005.

DOMINIQUE ROUCH

Dieu seul le sait, enquête sur les miracles, Hachette-Carrère, 1990.

Amour à mort, enquête sur les crimes passionnels, Hachette-Carrère, 1992.

Didier Deschamps, vainqueur dans l'âme, Éditions n° 1, 2001.

Docteur William LOWENSTEIN
Dominique ROUCH

FEMMES ET DÉPENDANCES

Une maladie du siècle

calmann-lévy

ISBN 978-2-7021-3785-7

À Morgan, Douglas et Liv Lowenstein.
À Dana, Estie et Noémie Rouch.

AVANT-PROPOS

Les femmes auraient besoin de la cigarette comme d'un « doudou » et de leur téléphone portable comme d'un cordon ombilical...

Elles seraient de plus en plus nombreuses à se réfugier dans l'anorexie et la boulimie, les médicaments, l'alcool, le cannabis ou la cocaïne...

Certaines consommeraient des substances même pendant leur grossesse...

Elles seraient terrorisées par les années qui passent et deviendraient addictes à la chirurgie esthétique...

Elles s'accrocheraient à certains hommes comme à des drogues...

Si ces fragilités, ces vulnérabilités existent réellement, sont-elles, dans ce cas, spécifiques aux femmes ?

Le docteur William Lowenstein, spécialiste des addictions, a tenté dans cet ouvrage de répondre à ces questions. Mais cet homme, ce médecin, si proche de ses patients soit-il, peut-il réellement deviner les angoisses féminines ? Ne faut-il pas être une femme pour comprendre et ressentir ces souffrances les plus intimes, ces doutes et ces incertitudes souvent justifiés, parfois exagérés ?

En lui apportant son regard de femme et ses interrogations, la journaliste Dominique Rouch lui a permis de mieux connaître l'univers féminin.

De dialogues complices en débats houleux, de séances de travail en entretiens, elle a poussé le médecin dans ses retranchements, ses contradictions en le mettant face à ses propres limites. Les limites de l'homme qui essaye de parler des femmes, mais aussi les limites du médecin, spécialiste d'une maladie qu'il définit lui-même comme historiquement machiste.

Elle a, parfois, essayé de le sortir de l'antre de son cabinet pour le glisser dans le cerveau de celles qui boivent, celles qui sniffent, celles qui souffrent de trop aimer, celles qui s'apprêtent à enfanter dans la culpabilité.

Dans l'intimité de son bureau, il a écouté et soigné ces femmes dépendantes. Rassurant, protecteur, mais toujours en maintenant ce qu'il appelle une nécessaire réserve.

Au détour d'un couloir, autour d'un café, elle a recueilli leurs confidences.

Il a apporté son expérience clinique et son savoir d'homme de science.

Elle a offert sa sensibilité et sa part de féminité.

Elle n'avait que des questions.

Il proposait des réponses.

Les réponses à cette maladie si longtemps ignorée, méprisée.

Il a fallu attendre avril 2006 pour que le président de la République officialise la médicalisation des addictions. Quelques mois plus tard, le ministre de la Santé annonçait un Plan national contre les addictions.

Aujourd'hui, la dépendance n'est plus considérée comme un état de faiblesse, mais comme une maladie. Une authentique maladie du cerveau dont la guérison ne saurait s'obtenir par la seule volonté ou la raison. Une maladie des émotions.

Ainsi, ces hommes et ces femmes dépendants se sentent-ils libérés du poids de la honte et de la culpabilité. Non seulement ils ne sont plus regardés comme des loosers de la société, mais comme des malades qui peuvent enfin espérer guérir.

Vouloir arrêter son addiction ne suffit pas pour y arriver.

Vouloir guérir n'est pas pouvoir : le message est passé.

Mais en médecine, il semblerait qu'un combat en appelle un autre : après avoir réhabilité les dépendants, il faut à présent reconnaître et aider toute une partie de cette population qui ne peut, encore aujourd'hui, assumer sa maladie la tête haute : les femmes.

Ces femmes dépendantes qui, pour la plupart, n'osent toujours pas franchir la porte d'un hôpital sous peine de se voir jugées, menacées. Ces futures mamans qui, elles aussi, veulent mettre au monde des bébés en pleine santé qu'elles élèveront aussi bien que n'importe quelle mère. Toutes, finalement, aux prises avec leurs incertitudes, leurs obsessions, leurs petites et grandes addictions.

Qui peut seulement imaginer le nombre important et croissant que représentent ces femmes addictes ? Les chiffres laissent peu de place au doute : sur 1 200 cas hospitalisés en trois ans dans sa clinique et dont le docteur Lowenstein peut témoigner, 56 % sont des femmes. La plus jeune a 14 ans, la doyenne, 83 ans.

Un demi-siècle plus tôt, l'addiction au féminin n'existait pas ou, en tout cas, personne n'osait l'évoquer. Aujourd'hui, son existence est avérée, à tel point qu'on peut parler de « maladie du siècle ».

PROLOGUE

Nous sommes au XXIe siècle. En France. Pays des droits de l'homme, mais pas de la femme... dans le domaine des addictions. Aucun dépistage ni soins spécifiques pour les femmes dépendantes. Aucune considération, ou si peu, pour les futures mamans addictes. Seulement de la souffrance et des mises à l'index, de la honte, de la culpabilité, des jugements et des menaces : « Si vous continuez, on vous retire vos enfants ! » Une femme digne de ce nom ne se drogue pas, ne joue pas, ne boit pas non plus.

Trois ou quatre centres essayent tant bien que mal de se construire pour prendre en charge et traiter en priorité, au cours de leur grossesse, des femmes addictes. Un ou deux « bus de femmes » circulent en France malgré de rares subventions. Un ou deux « nids » prévoient d'accueillir les plus exposées d'entre elles, quand elles vendent leurs charmes dans la rue pour acheter les drogues dont elles sont devenues dépendantes.

La société juge généralement plus sévèrement l'addiction lorsqu'elle est féminine. Elle accepte des hommes leurs dépendances : oui, se retrouver avec une seringue dans le bras c'est une affaire de mec, de Scarface, de troisième mi-temps et de bouteille descendue au goulot, cul sec ! Mais les messages de prévention destinés plus particulièrement à la gent féminine sur l'alcool ou le tabac se font attendre, tout comme les programmes spécifiques d'accueil ou de soins. En résumé, il y a moins de projets réservés à la dépendance féminine que de femmes députées à l'Assemblée « nationmâle ». C'est dire...

Les femmes paient l'addiction de plus en plus chèrement :

L'anorexie a beau être la maladie psychiatrique la plus meurtrière chez les adolescentes et les jeunes filles, les médias n'en continuent pas moins d'exhiber des mannequins et des stars filiformes ou de promouvoir les diktats des régimes estivaux...

Le tabac et le cannabis font une véritable percée chez les femmes, à tel point que l'infarctus deviendra, bientôt, avec la prise de la pilule, une maladie féminine.

L'alcool continuera de mettre en danger les futurs bébés, car la « mâle économie » viticole du pays de Rabelais ne saurait vaciller pour quelques milliers de malformations fœtales par an.

Les abus de médicaments, tranquillisants, somnifères et antidépresseurs continueront d'aliéner prioritairement le sexe dit faible, favorisant l'essor des grandes industries pharmaceutiques.

Quant aux addictions comportementales, en premier lieu l'anorexie et la boulimie, mais aussi le jeu pathologique, le workaholisme – dépendance au travail – et les dépendances affective et sexuelle, elles demeureront encore trop fréquemment sous-estimées ou méprisées.

Notre planète Terre se situe, dans le système solaire, entre Vénus et Mars... Il n'en faut pas plus pour que notre époque raffole de livres à succès sur les différences entre émotions féminines et masculines. Hélas, ces ouvrages n'évoquent jamais la maladie des émotions que sont les addictions ! Oui, les femmes sont plus vulnérables que les hommes ! Oui, il existe des émotions féminines auxquelles répondent des dépendances typiquement féminines ! Mais ces divergences ne résultent pas de différences anatomiques immuables entre les cerveaux féminins et masculins. Au départ de la vie, ils sont identiques. Ces distinctions résident dans nos comportements culturels et sociaux. Alors que fait la société pour ces femmes dépendantes si ce n'est continuer à les ignorer, voire les maltraiter, en s'offusquant dans le même temps de la condition féminine des pays non occidentaux ?

Nous aussi, médecins, n'oublions-nous pas, trop souvent, d'adapter nos comportements à nos patientes ? Sauf lorsque ces dernières nous le rappellent. Ce fut le cas, il y a quelques mois, lors d'une première consultation dans mon cabinet.

« Docteur, vous oubliez que je suis une femme ! » Je levai la tête de l'ordonnancier et la regardai, étonné. Sa remarque ne se voulait pas agressive. Elle trahissait simplement une déception. Nathalie se sentait incomprise. Elle avait 34 ans, dont sept années de dépendance à l'héroïne, trois à l'alcool et deux à la cocaïne. Elle venait me consulter pour ces deux dernières drogues dont elle abusait chaque jour, détruisant sa vie professionnelle et familiale. Pacsée avec un pilote de compagnie aérienne aussi peu présent que fidèle, mère d'une fille de 7 ans et d'un garçon de 5 ans, avocate dans la région parisienne, elle avait commencé à boire exagérément peu de temps après son deuxième accouchement et un an après l'arrêt de l'héroïne.

Elle découvrit la cocaïne avec un nouvel amant. Ce dernier parti, elle resta fidèle à cette drogue, qui engendra la consommation, comme toujours, d'autres substances : excès d'alcool, de tabac et de tranquillisants. La boisson lui devenait indispensable dès le matin. Elle y puisait le courage de réveiller ses enfants, de leur préparer leur petit déjeuner et de les conduire à l'école.

« Je vis ma toxicomanie comme une cicatrice sur mon visage. Chez un mec, ça intrigue ou virilise, chez une femme ça inquiète ou repousse. »

Malgré les cernes et un maquillage assez épais pour masquer un début de couperose faciale, son visage restait fin et immature.

« Pourquoi dites-vous que j'oublie votre féminité ? lui demandai-je.

– Je suis venue vous voir pour aller mieux, pour que vous me rassuriez. Pour entendre que je vais arrêter de détruire ma vie. » Elle avait marqué une pause, tenté un pâle sourire avant de reprendre : « Je crois avoir compris ce que vous m'avez expliqué et même dessiné : sauf erreur, mon grand cerveau s'est laissé dépasser et mon petit cerveau animal a pris le pouvoir. Mon circuit de récompense me tyrannise et échappe à ma volonté, mes récepteurs sont hypersensibles, mon humeur est chaotique et mes pensées sont modifiées, bref, mes consommations bouleversent toute une région de mon cerveau. J'ai compris tout cela, mais également les raisons pour lesquelles je me sens si mal aujourd'hui sans ces substances. Vous avez écarté le diagnostic de folie que je craignais avoir hérité de ma mère, et vous avez retenu celui de l'addiction... Vous m'avez précisé ce que les traitements pouvaient entraîner, notamment quelques kilos en plus et de la libido en moins... Vous avez bien fait votre travail en m'expliquant tout cela, docteur... mais un léger problème demeure... Vous ne me rassurez pas du tout ! Je me fiche de vos théories scientifiques sur les addictions ; des perturbations réversibles de la dopamine ou de je ne sais plus quoi ! Je me fiche de vos éternelles explications sur le mauvais fonctionnement de mes neurones ! »

Plus elle me parlait et plus je réalisais que cette femme me percevait comme un mécanicien du cerveau humain. Je m'étais trompé dans mon approche trop strictement scientifique.

« Ce que j'attends de vous, docteur, c'est que vous m'aidiez à me retrouver. Je veux redevenir normale, tout simplement. Et pour y arriver, j'ai besoin que vous vous occupiez de moi. »

« J'ai besoin que vous vous occupiez de moi... » Cette réflexion m'interpella. Typiquement féminine ! me dis-je. Alors que je m'efforçais de lui répondre, une multitude de questions se bousculaient dans ma tête : que cherchait-elle à exprimer ? À qui s'adressait-elle, au médecin ou à l'homme ? Quelle attitude devais-je adopter ? Son monologue me fit tout de même prendre conscience d'une réalité : cette femme, comme la quasi-majorité de mes patientes, cherchait avant tout un père, un grand frère, un médecin, et pas seulement... un « mécanicien ».

À l'inverse, les hommes n'expriment jamais aussi directement une demande de prise en charge si personnelle. Ils paraissent satisfaits d'entendre des explications techniques, de comprendre les circuits de leur cerveau et le mécanisme de leur dépendance. Cela leur permet de maintenir une certaine distance, pour ne pas dire une dignité face à leur médecin. À aucun moment ils ne veulent donner l'impression de tomber dans une quelconque « sensiblerie » qui risquerait d'atteindre leur virilité. Pas de sentiment, aucun état d'âme, mais une discussion d'homme à homme, d'égal à égal. J'oserais presque affirmer que la grande différence entre les deux sexes tient en ces quelques mots : « soignez-moi », réclament les hommes, « aidez-moi », implorent les femmes.

Mes patientes n'hésitent pas à afficher leur crainte et leur faiblesse, à interpeller l'homme qui se trouve derrière le praticien. À exiger de lui une proximité et une compréhension bien plus humaine que scientifique ou médicale. Une demande d'adoption, plus qu'une demande de soins...

Et moi, médecin, je dois composer avec la toute-puissance dont elles m'investissent. Je dois me montrer rassurant, protecteur, bienveillant, attentif et attentionné sans jamais tomber dans la complaisance ou dans une trop grande intimité. Essayer tant bien que mal de maintenir une relation d'adulte avec ces femmes qui deviennent ou redeviennent, face à moi, des petites filles perdues.

« Bien sûr, vous êtes unique, repris-je. Bien sûr, votre cerveau est unique... mais les fonctions qui le régissent obéissent à des lois universelles. La science existe pour édicter des lois générales et...

– Voilà, vous recommencez ! Vous ne comprenez pas ! Je me fiche du cerveau et des lois universelles ! Si vous devenez mon médecin, mon médecin à moi, je veux simplement ne plus avoir peur ! Bien dormir, rêver sans cauchemars, me lever de bonne humeur, voir et écouter mes enfants sans trembler, sans penser à me faire une ligne et boire, voilà ce que je vous demande de me donner. Je veux revoir le bonheur dans les yeux de mes “petits bouts” et retrouver un désir complice dans ceux de mon mari. Je veux que vous me protégiez, de moi-même, des autres, des collègues de bureau, des souris et des araignées, de tout ! Votre application à m’expliquer comment vous allez me guérir ne m’intéresse pas ! Ça fait des années que je me débrouille seule ; j’ai tout assuré, mes études puis mon boulot, ma vie de femme et de mère. Jusqu’à présent, je n’ai rien demandé à personne et me suis occupée de tout le monde. Aujourd’hui, je n’en peux plus. C’est de protection dont j’ai besoin, de médecine peut-être, pas de science ! Ce n’est pas sorcier tout de même ! »

Elle s’arrêta, me regarda avec interrogation, craignant d’avoir dépassé les bornes et, face à mon regard éberlué, un sourire éclaira enfin son visage de gamine esseulée.

L’hospitalisation de Nathalie, et son suivi, furent à l’image de cette première consultation : une longue bataille où son cri intérieur « mais j’existe, moi ! » ponctuait chaque pas, chaque évolution favorable. Ses multiples dépendances, sa demande d’amour permanente, sa régression infantile, sa vision d’un monde médical trop adulte pour elle, trop sexué, se révélaient épuisantes pour tout le personnel masculin et souvent... irritantes pour les aides-soignantes de la clinique. Je le réalise aujourd’hui, cet échange verbal lors de cette première consultation me plongea dans une sérieuse remise en question. De quoi souffrait Nathalie, comme tant de femmes ? D’une peur irraisonnée de la solitude, d’un manque affectif, ou alors d’une plus grande capacité à masquer, à maquiller, pendant de longues années, ses rêves déçus d’enfant, de femme, de mère ? De sa volonté utopique de vivre avec ce que, parfois ou souvent, elle ne supportait pas : un monde moderne où dominent la bête virile et ses assauts sexuels ?

Que recherchent les femmes dans la prise de drogues, d’alcool ou dans les conduites addictives ? Pourquoi l’addiction paraît-elle moins acceptable, plus dévalorisante chez une femme que chez un homme ? Les femmes addictes ne seraient-elles pas de « vraies » femmes ? Autant l'addiction ne remet pas en cause la virilité, autant elle menace de tuer la féminité. Elle ne correspond pas à l'image de pureté, de finesse, de retenue, de maîtrise de l'apparence que nous continuons d'imposer aux femmes, vision encore archaïque malgré l'émancipation de ces soixante dernières années. Pourtant, nous aimons leur fragilité... à condition qu'elles restent fortes.

Alors comment devons-nous agir, réagir face à Elles ? Avec Elles ?

Faut-il, oui ou non, différencier les addictions féminines des dépendances masculines ?

Nous reconnaissons sans peine, tout en les déplorant, les discriminations sociales et culturelles qui rendent bien compliqué à une femme son chemin de vie. Discriminée quand elle se destine à devenir clown, chef d'orchestre, sénatrice, membre d'un grand conseil d'administration. Discriminée, tout simplement, quand elle aspire à gagner le même salaire qu'un homme pour un emploi identique.

Regardons la réalité en face ! Cessons d'ignorer les différences fondamentales entre hommes et femmes dans l'installation, l'évolution et le soin de la dépendance, de façon à ne plus courir le risque de « maltraiter » nos patientes. Le lien thérapeutique que les femmes demandent doit nous encourager à modifier nos pratiques, notre approche diagnostique. Il doit également nous pousser à redoubler d'attention. Camille Desmoulins disait : « Le propre de la République est d'appeler les choses et les hommes par leur nom. »

Continuer de considérer les différences entre les hommes et les femmes comme des inégalités et non comme des spécificités s'appelle – malgré une première lecture, qui pourrait paraître paradoxale – du « sexisme ».

Le sexisme, c'est l'apartheid pour les femmes. Osons le dire pour pouvoir y mettre fin.

INTRODUCTION

Le cerveau a-t-il un sexe ?

Les femmes seraient plus sensibles que les hommes, plus aptes à communiquer, plus frivoles... certains les jugeraient moins intelligentes que leurs homologues masculins... d'autres les considéreraient, d'une manière générale, plus émotives, plus vulnérables, donc plus dépendantes, plus dépendantes affectivement, plus accros aux médicaments, à la chirurgie esthétique, aux achats, à la nourriture, à l'astrologie... Bref, différentes ! Durant des siècles, la question du genre s'est réglée en attribuant à la femme des particularités culturelles ou naturelles bien définies, immuables et atemporelles, sans aucun espoir d'évolution.

Le président de l'université d'Harvard n'a-t-il pas déclenché, il n'y a pas si longtemps, une vive polémique aux États-Unis en déclarant : « S'il y a peu de femmes dans les filières scientifiques, c'est peut-être parce qu'elles sont, par nature, moins douées en maths » ? Depuis, neurologues, cognitivistes, psychologues n'en finissent pas de s'interroger sur ces différences, pour ne pas dire ces handicaps... Ils passent au crible les tests de QI pour y déceler les écarts, sondent les cerveaux, publient des études surprenantes, immédiatement remises en cause par d'autres études. Entre-temps, des best-sellers comme *Les hommes viennent de Mars, les femmes viennent de Vénus*[1], prolifèrent. On y lit que

1. John GRAY, *Les hommes viennent de Mars, les femmes viennent de Vénus*, J'ai Lu, 2003.

les femmes utilisent mieux le langage que les hommes, qu'elles expriment plus facilement leurs émotions, qu'elles pensent autrement et que toutes ces différences demeurent inscrites dans le cerveau. Quel que soit leur intérêt, ces ouvrages nous confortent dans des théories approximatives sans apporter la moindre preuve scientifique. Ils réduisent la nature humaine à des chromosomes distincts ou à des attributs sexuels. À chacun et à chacune ses travers, ses qualités et ses défauts sans aucune possibilité de progrès, sans aucune marge de manœuvre envisageable. Ce déterminisme biologique condamne l'homme et la femme à rester ce qu'ils sont. Nous nous trouvons bien loin de l'univers de Simone de Beauvoir : « On ne naît pas femme, on le devient. » Mais sur quelles bases sérieuses ces auteurs se fondent-ils pour tirer de telles conclusions et les transformer en évidences ?

Le corps d'un homme et celui d'une femme montrent bien qu'il existe, en effet, des distinctions entre eux : la taille, la force, l'appareil génital, la poitrine, et d'autres, invisibles mais palpables tout au long de la vie : les modifications de l'humeur et de l'altérité survenant lors du syndrome prémenstruel ou durant la ménopause, la sensibilité extrême des femmes, le rayonnement et la sérénité des futures mamans pendant la grossesse, leur fibre maternelle, les risques de dépression à la suite d'un accouchement ou d'une opération des seins... Ces spécificités demeurent indéniables et s'inscrivent dans cet organe magique qu'est le cerveau humain.

Lorsqu'il s'agit de différences physiques notoires, tout le monde est d'accord. Mais qu'advient-il alors de la part du « cerveau-esprit », organe de pensée qui oserait gouverner nos comportements, nos sentiments et nos réactions ? Celui qui nous fait réfléchir, rire, pleurer, souffrir ?

Ce cerveau-là a-t-il un sexe ?

Possède-t-il des structures, des organisations ou un fonctionnement propre à chaque genre ? Si tel était le cas, sans doute finirions-nous par comprendre les raisons pour lesquelles hommes et femmes rencontrent encore tant de difficultés à communiquer, à déchiffrer et partager leurs émotions, les raisons pour lesquelles ils réagissent parfois avec tant de décalage face aux mêmes événements de la vie. Savoir avec certitude que nous sommes cérébralement différents nous suffirait-il enfin à ne plus attendre du sexe opposé ce qu'il ne peut pas donner et cesser de conclure nos problèmes relationnels avec notre douce moitié par cette éternelle phrase : « De toute façon, je ne comprends rien aux femmes ! » ou vice versa ?

Ces interrogations restent cruciales car elles touchent au fondement même de l'humain, à savoir ce qui nous fait homme ou femme.

En quoi nous distinguons-nous réellement ? L'anatomie, les gènes, le cerveau gravent-ils à jamais la condition masculine et féminine ou bien celle-ci se dessine-t-elle en fonction de l'environnement et des conventions sociales ? Autrement dit, quelle est la part de l'inné et de l'acquis dans les comportements humains ?

Les théories fondées sur le déterminisme des sexes, expliquant de façon plus ou moins claire la « supériorité des hommes sur les femmes », datent du XIXe siècle, âge d'or de la craniométrie. Les anthropologues de cette époque, convaincus que l'intelligence dépendait du volume du cerveau, trouvèrent un écho plus que favorable dans les idées du célèbre anatomiste Paul Broca. Ce dernier démontra que le cerveau masculin pesait 181 grammes de plus que celui de son homologue féminin. Une aubaine ! Sans tenir compte du fait que le volume du cerveau varie selon la taille du corps et que, à l'évidence, les femmes sont généralement plus petites que les hommes, il annonça : « Il ne faut pas perdre de vue que la femme est en moyenne un peu moins intelligente que l'homme. Il est donc permis de supposer que la petitesse relative du cerveau de la femme dépend à la fois de son infériorité physique et de son infériorité intellectuelle. » À un petit détail près... un cerveau humain pèse, en moyenne, 1,350 kilo : que penser alors de celui d'Einstein, de 10 % inférieur à la moyenne ou encore de celui d'Anatole France dont le poids n'excédait pas le kilo ? Il semble, par conséquent, impossible d'établir une corrélation entre le poids ou la taille du cerveau et l'intelligence. De plus, lorsqu'on observe un cerveau humain à l'œil nu, aucun élément ne permet de lui attribuer un genre. Sa forme et sa taille varient davantage en fonction des individus qu'en fonction du sexe, d'où l'impossibilité de déceler la moindre différence anatomique. En matière de cerveau, seule la qualité – et non la quantité – fait de nous, humains, des êtres différents et uniques.

Mais qu'entendons-nous par qualité ? Pourquoi certains se révèlent-ils plus doués que d'autres dans tel domaine, mais aussi plus vulnérables, plus fragiles, plus vifs d'esprit, plus résistants à la douleur, et ce alors que leur cerveau semble identique et obéit aux mêmes mécanismes biologiques universels ?

Pour y répondre, je prendrai l'exemple du jeu d'échecs. Quelle que soit la partie, l'échiquier comprend toujours le même nombre de carrés noirs et blancs, le même nombre de pièces. Ces dernières se déplacent toujours selon les mêmes règles, et pourtant il existe des millions de combinaisons qui fabriquent des milliards de parties toujours différentes. De même pour la musique : les mêmes portées, les mêmes notes, juste quelques variations en noir et blanc, en dièses ou en croches, mais des millions de mélodies différentes.

Idem pour le cerveau.

Au départ de la vie, hommes et femmes naissent avec un cerveau semblable. Celui-ci comporte environ 100 milliards de neurones, dont seulement 10 % sont connectés entre eux. Ce faible pourcentage représente ce qu'on appelle « l'inné » : notre héritage génétique général (le langage, la mémoire, le raisonnement, l'anticipation, l'empathie ainsi que nos systèmes sensoriels. En d'autres termes, tous les fondamentaux partagés par l'espèce humaine) et notre héritage génétique particulier (l'hypersensibilité de notre mère, les yeux bleus de notre père, l'oreille musicale de notre grand-père...). Certains gènes jouent un rôle déterminant au cours du développement embryonnaire car ils définissent l'architecture de notre cerveau : la formation des hémisphères, du cervelet, du tronc cérébral, etc. Cependant, les gènes ne représentent qu'une trop faible part de nos connexions neuronales pour exercer une quelconque influence sur nos comportements, d'autant plus que, une fois leur « travail » terminé, une partie de nos gènes reste en sommeil. L'autre partie ne se réveillera qu'à condition d'être stimulée par l'extérieur.

En fait, notre capital génétique se révèle nécessaire à notre construction, mais en aucun cas suffisant. Il nous offre simplement un potentiel que nous sommes libres d'exploiter ou non. Ceux qui, par exemple, naissent avec une prédisposition pour le sport ne deviendront pas forcément de grands champions s'ils ne développent pas ce don par un entraînement régulier et intensif et/ou s'ils ne bénéficient pas d'un environnement favorable (social, familial, culturel, etc.).

Même si notre histoire commence avant nous grâce aux plans génétiques, grâce à l'histoire de nos parents qui nous désiraient ou pas, la structure de notre cerveau demeure inachevée, car 90 % de nos connexions neuronales vont se former progressivement tout au long de notre vie en fonction de nos expériences personnelles et de l'influence du monde extérieur. Nous deviendrons des êtres différents et uniques selon notre propre histoire.

Chaque expérience, chaque émotion, chaque rencontre, chaque sensation... contribue à modeler notre cerveau et à forger les traits spécifiques de notre personnalité. Ce dernier s'adapte et mémorise, c'est-à-dire qu'il enregistre les expériences vécues pour vivre son présent et fabriquer son avenir. Il constitue, en quelque sorte, notre livre d'histoire personnelle : témoin du passé mais ouvert sur le futur. Son évolution demeure infinie et son apprentissage permanent. On parle alors de « plasticité cérébrale », à savoir une extraordinaire capacité d'adaptation qui forme l'une des propriétés fondamentales du cerveau humain.

La petite enfance apparaît comme la période idéale en raison de son incroyable malléabilité. Un cerveau jeune, « neuf », en pleine construction, s'imprègne de tous les événements extérieurs et les grave plus facilement. Ne conseille-t-on pas aux parents d'enseigner les langues étrangères ou la musique à leur progéniture dès le plus jeune âge ? Nous observons tous la facilité des enfants à acquérir de nouvelles connaissances artistiques ou intellectuelles. Toutefois, cette plasticité cérébrale, très spectaculaire chez les jeunes, existe également chez l'adulte. Le cerveau se modèle, change et poursuit son apprentissage à tout âge. De récentes études ont d'ailleurs prouvé que certaines zones du cerveau généraient, sans fin, de nouveaux neurones. L'expression « il n'y a pas d'âge pour apprendre » prend alors tout son sens. Par conséquent, dès les premiers instants de l'existence, le cerveau humain devient unique, donc différent, qu'il soit masculin ou féminin. Unique, mais en des milliards d'exemplaires.

C'est pour cette raison que les enfants issus de mêmes parents (y compris les jumeaux), éduqués de la même façon, évoluant dans un même environnement, rencontrent des trajectoires de vie différentes.

C'est encore pour cette raison qu'aucun individu ne risque de ressembler parfaitement à un autre. Exit donc le fantasme « science-fictionnesque » des clones, pensant et fonctionnant exactement de la même manière. Au-delà de la ressemblance morphologique, il faudrait qu'ils aient vécu les mêmes choses au même moment pour que leurs cerveaux fonctionnent et se construisent à l'identique : toujours assis à la même place pour voir et entendre les mêmes choses, entretenir des relations semblables avec autrui à la même seconde. Mission impossible ! Les cerveaux des clones ne se ressembleront jamais !

C'est pour cette raison enfin que les théories racistes préconisant et justifiant à tout prix une hiérarchie entre les groupes humains ne reposent sur aucun fondement scientifique. Il est évident qu'un petit Africain éduqué dans le XVIe arrondissement de Paris ne réalisera pas les mêmes connexions neuronales qu'un petit Blanc élevé dans la savane. Le premier s'adaptera certainement mieux à la civilisation technologique que le second. Si nous inversons les environnements de ces deux individus, nous obtiendrons les résultats inverses. Ces adaptations cellulaires permanentes mettent en lumière deux évidences :

– On ne peut jamais affirmer que le fait de naître noir, jaune ou blanc, chrétien, juif, athée ou musulman, brune ou blonde, belge ou suisse et homme ou femme, permet de définir un cerveau.

– Notre destin n'est pas inscrit dans notre cerveau. C'est la vie qui le sculpte sans cesse.

De ce fait, la vision déterministe qui fixe la condition féminine et masculine dans des stéréotypes apparaît en totale opposition avec les connaissances scientifiques actuelles et relève purement et simplement du dogme et de l'obscurantisme. Bonne nouvelle, donc : les hommes et les femmes sont libres ! Libres, égaux et semblables... au départ de la vie en tout cas.

Cependant, me direz-vous, nous ne pouvons tout de même pas nier certaines différences notoires de comportements entre les deux sexes ! Celles-ci demeurent, en effet, incontestables et s'expliquent principalement par le conditionnement social, culturel, environnemental qui survient, d'ailleurs, avant même notre naissance. La plupart des futurs parents ne ressentent-ils pas le besoin de connaître le sexe de leur enfant afin d'opter pour une conduite spécifique selon qu'il s'agit d'un garçon ou d'une fille, et ce, bien avant de le mettre au monde ? Le simple fait de choisir la couleur de la chambre ou les vêtements en fonction du sexe de l'enfant témoigne également de l'adoption d'un comportement sexué. Depuis notre plus tendre enfance, des valeurs nous sont inculquées, incluant une spécificité sexuelle extrêmement marquée. Les concepts de féminité et de masculinité, très ancrés dans notre inconscient, forment, alors, une bonne part de notre manière de voir le monde. Et cela ne représente que le versant doux et civilisé de cette prédétermination. Rappelons que dans certains pays d'Asie, l'échographie mettant en évidence un fœtus féminin conduit le plus souvent à l'avortement.

Dès ses premiers pas, l'enfant se laisse donc guider vers les valeurs dominantes de son sexe biologique, période où va s'effectuer l'intégration des stéréotypes masculins et féminins. Le modèle de la famille, du couple comme norme sociale des relations hommes-femmes, détient une place primordiale au sein de l'identification infantile : ces schémas de représentation des rôles masculin et féminin sont incroyablement forts ; ces premières images (la mère cuisine, le père bricole, etc.) restent déterminantes pour l'enfant qui tentera de les reproduire ou de s'y opposer, de s'en servir pour se construire.

Les cadeaux offerts à un enfant me semblent, également, très révélateurs de ce conditionnement. Vous viendrait-il à l'idée d'acheter un train électrique ou un ballon de football à une petite fille ? Sans même y réfléchir, votre choix se porterait plus volontiers sur une palette de maquillage, une dînette, une panoplie d'infirmière (et non pas de médecin), d'hôtesse de l'air (et non pas de pilote), prédestinant ainsi l'enfant à son futur rôle de mère mais aussi à des professions dénuées de haut pouvoir et d'autorité.

À l'inverse, nous privilégierons instinctivement des objets valorisant l'action, la compétition, l'agressivité, la force et la technique pour les petits garçons. Toutes ces valeurs érigées par le conditionnement social tendent ainsi à inscrire la femme-objet face au mâle viril. Elles contribuent à la subordination des valeurs féminines aux valeurs masculines. Comment ne pas rappeler ces chiffres de l'ONU démontrant que, sur 120 pays étudiés, 8 % des femmes seulement accèdent à des études secondaires ?

Un humoriste français disait : « La femme est l'égale de l'homme à condition qu'il veuille bien lui en donner les moyens. » Le déterminisme justifiant les inégalités sociales et professionnelles entre les sexes par des diktats biologiques s'effondre ainsi, laissant place aux facteurs socioculturels et politiques. La différence de cerveau entre les hommes et les femmes ne s'expliquera jamais anatomiquement, mais persistera fonctionnellement si perdure une telle inégalité d'apprentissage, d'éducation, et de droits sociaux. De nos jours, bien heureusement, l'écart entre les sexes se réduit progressivement grâce à l'intégration accrue des femmes dans la vie sociale et professionnelle.

Mais qu'en est-il des émotions ? Existe-t-il, dans ce domaine précis, une loi génétique qui rende les femmes plus émotives, plus sensibles que les hommes, plus sujettes aux angoisses ou à la tristesse ?

Comme nous l'avons expliqué précédemment, toute émotion, tout comportement possède une histoire qui s'inscrit dans le passé de l'individu. Ce passé comprend à la fois la manière dont nos gènes ont bâti notre cerveau et l'intégralité de nos expériences vécues. Il apparaît donc absurde de ne faire reposer nos émotions que sur la seule composante biologique. Néanmoins, toutes ces émotions naissent dans la même région, pour les hommes comme pour les femmes : le petit cerveau animal, appelé plus communément « cerveau émotionnel ». Ce dernier regroupe la plupart de nos besoins vitaux, comme se nourrir, se reproduire et se défendre, ainsi que nos réactions cérébrales les plus primaires : les émotions, les affects et le plaisir. Ces émotions de « base » telles que le dégoût, la colère, la peur, la surprise, la joie, etc., surgissent toujours de la même manière. Elles s'expriment par des changements physiologiques propres, s'associent à des événements déclencheurs universels, apparaissent spontanément de façon rapide et ne durent qu'un furtif instant. Inutile d'essayer de les contrôler car elles échappent totalement à notre volonté. N'oublions pas que notre petit cerveau ne connaît pas les notions de bien et de mal, les « il faut », les « je dois ». Il fonctionne avec un circuit – le circuit de la récompense – dont le rôle se limite à gratifier les fonctions vitales par une sensation agréable ou désagréable. Par exemple, nous mangeons lorsque nous avons faim, nous pleurons lorsqu'un événement extérieur vient perturber ou affecter notre bien-être personnel, etc. Tout est question de punition ou de récompense, de plaisir ou de déplaisir et de recherche permanente d'équilibre – l'homéostasie. Comme chez les animaux, aucune de ces émotions ne se mentalise, ne se rationalise et, par conséquent, ne se favorise ni ne s'évite. Nous nous révélons d'ailleurs aussi inefficaces pour masquer une émotion que pour empêcher un éternuement. Nous sommes incapables de réprimer un fou rire (même lorsque celui-ci survient lors de circonstances inappropriées) ou d'éviter l'embuement de nos yeux face à une situation qui nous émeut. Et ainsi de suite.

Difficile de tricher avec nos émotions : elles se lisent sur notre visage ou sur nos mains moites. Sur nos muscles du dos ou du cou qui restent tendus après une dispute, dans nos vaisseaux sanguins qui nous font rougir de honte ou pâlir d'effroi. Dans notre rythme cardiaque qui s'accélère lors d'une rencontre amoureuse, ou sur les pupilles qui se dilatent lorsque le désir monte, etc. Bref, toutes les parties de notre corps trahissent nos émotions les plus intimes, chez l'homme comme chez la femme.

Pourtant, en dehors de certaines situations extrêmes où l'émotion nous submerge, nous ne pouvons contester, une fois encore, l'idée qu'une femme pleure plus facilement, plus souvent qu'un homme, que la peur ou la tristesse se conjuguent davantage au féminin qu'au masculin, que la colère ou l'agressivité caractérisent mieux, en revanche, le sexe dit fort. Pour quelles raisons l'homme affiche-t-il donc plus de distance, plus d'inhibition que la femme face aux mêmes événements de l'existence ?

Le premier élément de réponse réside dans ce que nous pouvons appeler « les codes de notre société », qui n'octroient pas les mêmes droits aux hommes qu'aux femmes. Dès leur plus jeune âge, les garçons sont conditionnés par leur environnement social pour se montrer forts, pour maîtriser leurs émotions ou, plus précisément, apprendre à les réprimer, à ne dévoiler aucun signe de faiblesse ni de doute. Nous – les garçons – gardons, d'ailleurs, tous dans un coin de notre tête le souvenir des ricanements et autres moqueries de nos petits camarades d'école le jour où, à la suite d'une chute ou d'une réprimande, nous nous sommes mis à pleurer. Sans compter les fois où, adolescents, nous avons dû cacher nos larmes après une rupture amoureuse et feindre à l'égard de la jeune fille un détachement sans faille, sous peine d'être traités de « femmelette » par les copains.

À l'inverse des garçons, les filles se trouvent rarement encouragées à exprimer la colère ou l'agressivité, la force et la menace. En revanche, nous acceptons d'elles toute manifestation de tristesse ou de peine. Ces caractéristiques, ces émotions appartiennent pourtant aussi bien aux deux sexes. Et pour cause, lorsque nous demandons aux hommes si eux aussi ressentent de la tristesse, la réponse reste probante et sans appel : « Oui, comme les femmes et pour les mêmes raisons. » Quand nous cherchons à savoir à quelle occasion ils manifestent ces prétendues émotions féminines, la majorité d'entre eux reconnaît n'oser les exprimer que dans des circonstances extrêmes, comme les deuils, et encore !

« Les émotions, c'est un truc de gonzesses ! » clame une partie de la jeune génération masculine. Aujourd'hui encore, il semble normal et touchant de voir une femme pleurer, alors qu'on qualifiera un homme de faible et de *loser*, à l'exception de quelques chanceux qui auront entendu de la bouche de leurs parents : « Tu as le droit de pleurer, tu n'en seras pas moins homme. »

Cette dissimulation des émotions ne représente qu'une conséquence directe de l'apprentissage des règles sociales qui distinguent les « bonnes émotions », celles qu'hommes et femmes ont le droit de ressentir, des mauvaises, celles qui leur sont interdites. Du bleu pour les garçons, du rose pour les filles. Ces écarts émotionnels tendent, cependant, à s'équilibrer grâce à l'évolution des femmes. Plus celles-ci s'impliquent dans la vie sociale, plus elles ont tendance à adopter un comportement dit masculin. Je fais référence, bien entendu, à nos *wonderwomen*, qui tracent leur route sans autre choix que de laisser leurs états d'âme sur le bord du chemin. Pas de place, pas le temps et, surtout, pas le droit. Mais une fois la « panoplie » ôtée, la *wonderwoman* redevient une femme avec ses vulnérabilités. Et c'est précisément sur cette idée de vulnérabilité typiquement féminine et sur ses multiples facteurs que nous allons maintenant nous arrêter.

Pour quelles raisons les femmes apparaissent-elles si vulnérables, si fragiles ?

Si l'on en croit les chiffres, le taux d'augmentation des dépressions féminines s'expliquerait d'une part par le rythme effréné de la vie contemporaine qui les contraint à multiplier les rôles d'épouse, de mère, d'amante. D'autre part, le fait de subir des traumatismes dans la petite enfance, y compris des sévices sexuels, accroît considérablement le risque de présenter plus tard un trouble de l'humeur et de la personnalité : anxiété, dépression, hypersensibilité. Cela justifierait une fragilité plus marquée chez les filles puisque ces dernières demeurent plus exposées que les garçons aux abus durant leur enfance.

Enfin et surtout, ce mal commun à la majorité des femmes : l'anticipation anxieuse ou la peur de l'avenir qui les rend vulnérables. En effet, comment vivre sereinement avec l'idée qu'un jour la femme deviendra mère, et que plus tard une part de féminité s'éteindra avec la ménopause ? Comment vivre sereinement avec l'idée du vieillissement quand, à partir de 50 ans, les chances de séduire ou de trouver un emploi digne s'amenuisent ? Que de difficultés à se projeter dans le futur lorsqu'on se trouve assailli de tant d'incertitudes !

Comme il n'existe malheureusement pas de réponses rassurantes à ces questions, les femmes ont une fâcheuse tendance à vouloir se tranquilliser face au futur, et ce, par n'importe quel moyen : quelques grammes de Botox ou une consultation hebdomadaire chez l'astrologue permettent parfois d'apaiser l'angoisse. Un apaisement hélas si provisoire que, chez certaines, le besoin irrépressible de recommencer jusqu'à ne plus pouvoir s'en passer peut se révéler indispensable, voire vital.

Bien que ces facteurs de vulnérabilité ne relèvent pas de la génétique, ils restent, malgré tout, en contact permanent avec le cerveau qui s'en trouvera modifié. Tout ce que nous vivons laissera inévitablement une empreinte sur celui-ci. Ce qui au départ ne se limitait qu'au conditionnement social deviendra, de ce fait, neurobiologique. En résumé, la femme et l'homme naissent avec un cerveau identique. Celui-ci subira très vite les influences extérieures qui vont le féminiser ou le masculiniser. Et très bientôt il trouvera son identité de fille ou de garçon.

Cependant, il me semble impossible d'occulter un dernier point et non le moindre, celui du rôle des hormones et de leurs répercussions sur le cerveau des femmes lors des grandes étapes de leur vie : la puberté avec tous les bouleversements que l'on connaît, l'instabilité psychologique durant les grossesses et, enfin, la ménopause. Sans minimiser l'importance des symptômes physiques dus aux cycles menstruels (prise de poids, gonflement des seins ou du ventre, etc.), je reste toujours aussi impressionné face à l'extrême susceptibilité de certaines femmes quelques jours avant ces périodes, face à leur état parfois dépressif et à leur anxiété apparemment infondée et excessive.

Mais comment nier les conséquences de ces orages hormonaux sur le cerveau féminin et donc sur l'humeur et les émotions ?

Ne négligeons pas cette réalité : 9 jours sur 28 environ (au minimum), le bien-être mental et physique des femmes se trouve malmené. Ajoutons à cela deux ou trois grossesses dont les variations hormonales favorisent, la plupart du temps, des changements émotionnels importants...

Bien que le rapport entre l'humeur et les hormones ne soit pas complètement élucidé, les chercheurs estiment que la fluctuation constante de celles-ci, et non pas leur taux, pourrait déstabiliser l'état mental d'une femme. En effet, la variation du taux d'œstrogène ou de progestérone – hormones féminines – se répercute directement et indirectement sur la biologie du cerveau, avec ses conséquences sur la sérotonine, la dopamine et l'adrénaline. Ces changements hormonaux provoquent alors des effets cérébraux qui modifient l'état psychologique de la femme : sa pensée, son altérité, son humeur, son sommeil, etc. Certains scientifiques avancent même l'idée que l'anorexie – et ses conséquences premières comme l'absence de règles – deviendrait, pour certaines adolescentes, le moyen de soustraire leur cerveau à l'influence de leurs hormones féminines.

Le système hormonal : voilà précisément ce qui différencie les deux sexes ! L'homme, à l'inverse de la femme, se trouve rarement confronté, si ce n'est jamais, à une instabilité si intime et si répétitive. Au cours de sa vie, il ne « subit » aucune transformation profonde et cyclique risquant d'altérer durablement son état, dès lors que son avenir professionnel ne connaît aucune embûche et que son équilibre familial tient la route. La déperdition des hommes s'impose souvent comme une réalité lorsque l'heure de la retraite sonne ou si l'épouse claque la porte.

Quant à l'andropause, présenté comme le phénomène masculin de la ménopause, il me paraît inutile de préciser qu'aucune comparaison ne semble possible. Les symptômes de l'andropause ne surgissent pas du jour au lendemain, et ne provoquent ni désagrément physique et hormonal, ni bouleversement psychologique. La fertilité et l'idée de virilité qui s'y associe demeurent intactes, puisque l'homme peut espérer avoir des enfants jusqu'à un âge très avancé.

Malheureusement, les femmes ne peuvent en dire autant. Le temps joue contre elles alors qu'il reste plutôt un allié pour les hommes. Pour toutes ces raisons, nous parlons volontiers de « vulnérabilités féminines ». Toutes les études effectuées sur les troubles émotionnels s'accordent sur un point : les femmes restent incontestablement plus sujettes à l'angoisse, entre 1,5 et 3 fois plus que les hommes. Ce qui vaut pour les troubles anxieux vaut également pour la dépression. Suivant les critères de classification établis par l'OMS, les maladies anxiodépressives, qui associent tristesse et angoisse, touchent 1 à 2 % de la population, parmi lesquels 2 personnes sur 3 sont des femmes. Partant de ce constat, comment, dans un monde de performance, les femmes parviennent-elles à gérer leurs émotions autrement qu'en tentant de les étouffer provisoirement ?

Lors de ces périodes charnières où le doute devient insupportable et l'avenir inquiétant, la rencontre avec une substance ou la mise en place d'un comportement addictif peut offrir une solution rapide et efficace pour éviter le vertige des débordements émotionnels. À chacune ses émotions, à chaque émotion son addiction capable de la moduler. Dès lors qu'il existe des émotions typiquement féminines, nous pouvons à présent avancer l'idée qu'il existe des dépendances correspondantes comme l'anorexie, la boulimie, la dépendance affective, l'astrologie, ou encore la chirurgie esthétique.

Quant aux autres substances ou comportements addictifs (cocaïne, alcool, cannabis, cyberdépendance, etc.), bien qu'ils soient communs aux deux sexes, des différences notoires persistent dans plusieurs domaines, notamment dans les causes qui poussent les femmes à consommer des substances ou à se livrer à des conduites addictives. De même, ces différences se retrouvent dans le « choix » des drogues ou des comportements, le mode de consommation et les conséquences physiques et physiologiques qui en découlent.

Les études montrent que les femmes ne consomment pas pour les mêmes raisons que les hommes. Les violences physiques ou sexuelles, les antécédents d'agression ou de maltraitance durant l'enfance augmentent les risques de devenir dépendante. Dans ce cas précis, ces femmes deviennent addictes à un âge précoce.

Enfin, nous constatons que les femmes, consommatrices de substances, se trouvent très souvent initiées par leur partenaire ou leur conjoint. Une façon pour elles, sans doute, de partager l'univers de l'être aimé jusqu'à la plus extrême des complicités.

Mais attention, la sensibilité aux effets de certaines drogues se révèle différente chez les hommes et chez les femmes. Ces dernières semblent plus vulnérables tant aux effets immédiats qu'à ceux à long terme. Je prendrai comme exemple l'éthylisme. Après avoir consommé une même quantité d'alcool, les femmes indiquent, à poids égal, un taux d'alcoolémie proportionnellement supérieur à celui des hommes. De plus, les études sur les effets de l'alcool à long terme révèlent que les femmes demeurent plus exposées que les hommes à l'apparition de dommages hépatiques, neurologiques et cardiovasculaires. Comme nous le verrons, d'autres substances comme la cocaïne ou les psychotropes peuvent également se révéler perturbatrices du cycle menstruel.

N'oublions pas non plus les risques de fausses couches dues à la forte consommation de tabac, les naissances avant terme, les syndromes d'abstinence néonatale ou syndrome de dépendance chez le fœtus lorsque la mère consomme des opiacés comme l'héroïne ou la morphine, l'hypertension, les troubles cardiaques ou l'infarctus liés à la prise de cocaïne. Ni même, pour finir, « le syndrome d'alcoolisation fœtale » touchant fréquemment les enfants de mères alcoolo-dépendantes.

Quoi qu'il en soit, et bien que les drogues ou les comportements dépendants addictifs provoquent quasiment les mêmes effets sur le cerveau humain – qu'il soit masculin ou féminin –, l'addiction ne répond pas toujours aux mêmes besoins. Femmes et hommes ne consomment pas les mêmes drogues pour les mêmes raisons. L'exemple de la cocaïne me semble, à ce titre, révélateur. Elle correspond souvent chez l'homme à une quête de sensations fortes et à un désir de toute-puissance, à l'inverse de la femme qui cherche à travers cette drogue un moyen de faciliter sa sexualité, de la désinhiber. Mais le « choix » de certaines substances dépend aussi bien de leurs effets (bien-être, apaisement, déshinibition, etc.) que de l'image qu'elles véhiculent. Le jugement de la société à l'égard des femmes dépendantes demeure toujours aussi sévère et intolérant, qui plus est lorsque celles-ci deviennent mères. C'est la raison pour laquelle nous trouvons beaucoup plus de consommatrices de médicaments psychoactifs que d'alcool. Et pour cause : il est tellement plus facile pour une femme de se rendre chez le pharmacien que dans un bar-tabac ! De plus, à apaisement quasi égal, la pharmacodépendance permet de limiter (en apparence) les « dégâts » physiques secondaires. Un visage légèrement boursouflé ou des yeux gonflés valent quand même mieux qu'une bonne gueule de bois ou un début de couperose. L'honneur est sauf... l'image aussi. La majorité des femmes alcoolo-dépendantes évitera les lieux publics et se réfugieront chez elles pour boire afin de maintenir autant que faire se peut une certaine dignité. Croiser une femme en état d'ébriété reste plus choquant que de constater l'ivresse chez un homme. Mais plus rare aussi.

Il semble donc, encore aujourd'hui et dans notre société, beaucoup plus difficile pour une femme d'assumer sa dépendance sans éprouver honte et culpabilité et sans craindre, à plus ou moins long terme, de perdre sa féminité ou la garde de ses enfants. Ces obstacles sociaux ainsi que l'isolement affectif dans lequel elle se trouve donnent lieu le plus souvent à des usages chroniques cachés. Les femmes n'osent pas se montrer, ni se livrer. Elles privilégient, en règle générale, la médecine de ville ou les groupes d'entraide. Et encore... car, au-delà de la honte, beaucoup de femmes dépourvues de soutien affectif ou de ressources financières se heurtent à des difficultés pour suivre un traitement.

Comment les soigner si elles ne trouvent pas le courage de franchir la porte d'un hôpital ou d'une salle d'attente par peur du regard des autres ?

Comment nous, médecins, parviendrons-nous à identifier leurs problèmes de dépendance si nous ne les rencontrons pas ?

Comment les aider à gérer leurs vulnérabilités, leurs émotions ?

Comment les soigner sachant que la plupart des programmes

de traitement sont conçus par des hommes pour des hommes, sans tenir compte des spécificités du sexe féminin ?

Comment mettre fin à cette absence de soins, à ce retard de protection inacceptable à notre époque ?

Dans un pays que nous aimons donner si souvent en exemple pour son exigence d'égalité et de liberté, nous devrons rapidement et profondément changer notre vision des dépendances féminines si nous ne voulons plus que les femmes paient l'addiction.

I

TYPIQUEMENT FÉMININ

1

Anorexie : fatale maîtrise

Émilie avait quatorze ans et demi lorsqu'elle tomba éperdument amoureuse d'un jeune homme de son âge qui lui préféra Mathilde, l'une de ses amies. En guise de justification, cette dernière lui confia, sans imaginer les conséquences de ses propos, « qu'il n'aimait que les filles très minces ». Émilie pesait 53 kilos pour 1,67 mètre. Autant dire qu'il fallait la regarder à deux fois pour apercevoir sur ce corps en devenir quelques rondeurs typiques d'une adolescente rayonnante et en pleine croissance. Le poids de sa rivale atteignait difficilement les 47 kilos pour 1,70 mètre. Cette différence à laquelle Émilie n'avait jamais prêté attention auparavant se transforma en une véritable obsession et devint alors l'unique cause de son désarroi et, bientôt, de son « malheur ».

Elle conclut très rapidement que, avec un corps aussi difforme que le sien, elle avait été folle d'espérer, un jour, séduire ce garçon. Émilie cessa alors de se nourrir normalement. Elle diminua progressivement ses portions alimentaires, se plongea dans la lecture de livres sur les calories et se mit à peser en cachette toute sa nourriture. Au terme de la première année, elle ne consommait plus que des viandes maigres et des laitages allégés. Deux ans plus tard, une pomme et quelques litres d'eau constituaient l'essentiel de ses repas quotidiens.

À 17 ans, elle pesait 34 kilos.

Aujourd'hui, Émilie n'est plus.

Heureusement, toutes les jeunes femmes victimes d'anorexie mentale ne connaissent pas une telle destinée. Mais les chiffres restent cruels, très cruels même. L'anorexie apparaît comme la maladie psychiatrique la plus meurtrière. Au bout du voyage pathologique, la mort fauche 5 à 8 % des adolescentes anorexiques, un pourcentage plus élevé que pour la schizophrénie ou la dépression. Le pronostic à moyen et long terme ne se révèle pas plus optimiste. Seul un peu plus d'un tiers des anorexiques retrouve un poids normal sans aucune séquelle psychologique. Un deuxième tiers conserve des accès boulimiques, un mal-être persistant et une vie affective difficile. Le dernier tiers évolue vers une dénutrition grave et une dépression chronique.

Au-delà de dix ans d'évolution, 15 % des malades décèdent, 20 % après vingt ans. Pourtant, dans l'esprit de beaucoup de nos contemporains, l'anorexie reste bien plus un sujet de discussion sociologique, « un problème à la mode », qu'une maladie grave, et ce malgré la connaissance du risque mortel qu'elle comporte.

Je n'ai jamais rencontré Émilie dans le cadre de mes consultations. Elle m'avait été présentée lors d'un dîner informel quelques mois avant sa disparition. Elle avait quitté la table rapidement, prétextant une « rédac » à finir. En réalité, elle n'avait pas quitté la table, elle l'avait plutôt fuie de la même façon qu'elle avait fui le médecin que j'étais. Sa mère m'avait alors brièvement raconté l'histoire d'Émilie, mais je n'ai jamais su si la jeune adolescente souffrait d'un mal antérieur ou si les paroles malheureuses de son amie avaient, à elles seules, suffi à déclencher ce terrible processus de destruction mentale et physique.

Aujourd'hui encore, il semble difficile de définir précisément les causes d'un tel déséquilibre de l'alimentation. Son origine, rarement unique, semble étroitement liée à l'histoire personnelle, ainsi qu'à l'environnement familial et social de la personne concernée. Mais avant de chercher à comprendre le pourquoi, il me semble important de bien définir cette maladie en évitant de la confondre avec un simple régime.

L'anorexie mentale se définit par une restriction – considérée comme volontaire – de l'alimentation, risquant de conduire à une dénutrition grave, ce qui n'a rien à voir avec un régime.

Une période difficile, un état amoureux, une contrariété ou encore l'envie de perdre quelques kilos superflus peuvent provisoirement couper l'appétit ou pousser une personne à freiner son alimentation. Les médecins ne parlent pas dans ce cas d'anorexie mentale mais d'anorexie secondaire ou réactionnelle, dès lors que le comportement alimentaire ne se dérègle pas de manière anormale, prolongée, et qu'il ne devient pas dangereux pour la santé.

Les motivations et les objectifs diffèrent selon les cas : alors que nous désirons faire un régime dans le but de plaire aux autres et à nous-même, les restrictions alimentaires de l'anorexique semblent dictées par une loi intérieure qui la dépasse. D'autre part, lorsque nous sommes à la diète, nous luttons contre l'envie de manger. À l'inverse, la malade, elle, ressent un blocage physique et psychologique, voire une aversion à l'égard de la nourriture : « Quand je mange, je me dégoûte », m'avouait l'une de mes jeunes patientes. Elle compte, dissèque et sélectionne ses aliments.

Nous visons un poids fixe qui, une fois atteint, nous satisfait pleinement et met un terme au régime. L'anorexique, au contraire, vise la perte de poids sans limites, la pureté et la traçabilité des aliments, la maîtrise des éliminations, et supporte de moins en moins son image.

L'anorexie reconnue comme une véritable pathologie – au même titre que la boulimie – se définit comme un trouble du comportement alimentaire (TCA), et plus spécifiquement un trouble mental. J'expliquerai ultérieurement les raisons pour lesquelles je repousse l'appellation TCA que je renommerais volontiers « trouble addictif alimentaire » (T2A). Pour définir l'anorexie mentale, le manuel de l'Association américaine de psychiatrie (DSM-IV[1]) retient les critères suivants :

- ✔ Restriction alimentaire : réduction de l'apport calorique – par exemple, élimination d'aliments tels que le pain, les pommes de terre ou les pâtes –, évitement de la graisse et des protéines, planification de régimes stricts.
- ✔ Amaigrissement : perte d'au moins 15 % ou plus du poids initial, avec refus de maintenir le poids du corps au-dessus du minimum requis, compte tenu de l'âge et de la taille.
- ✔ Aménorrhée : absence d'au moins trois cycles menstruels consécutifs, puis, à terme, disparition des règles.
- ✔ Image déformée du corps qui consiste en une perception erronée, quasiment illusoire, même si le corps est décharné.
- ✔ Frayeur intense de prendre du poids qui ne diminue pas au fur et à mesure de l'amaigrissement.

Il existe deux types d'anorexie.

Commençons par le type restrictif, c'est-à-dire l'arrêt progressif des apports nutritionnels. La malade s'interdit la plupart des aliments qu'elle considère comme trop caloriques. Elle s'impose un régime particulièrement strict, saute les repas et, parfois, jeûne.

Second cas de figure : le type d'anorexie avec crises de boulimie, vomissements et prise de purgatifs – laxatifs, lavements ou diurétiques –, qui concernent un tiers des malades. Cet épisode intervient à la suite de ce qu'on appelle la « lune de miel », durant laquelle l'anorexique contrôle parfaitement son alimentation et éprouve, de ce fait, un sentiment d'euphorie et de toute-puissance. Mais, au bout de quelques mois, elle n'a d'autre choix que de constater que cette maîtrise totale demeure impossible. Certaines anorexiques persistent malgré tout et malgré elles dans cette quête. D'autres prennent peu à peu conscience

1. *Diagnostic and Statistical Manual of Mental Disorders, 4th edition*, American Psychiatric Association, Washington D.C., 2000.

de leur maladie : elles tentent alors de se réalimenter et sombrent dans la boulimie. En effet, les restrictions draconiennes débouchent trop souvent sur une fringale incoercible qui les pousse à avaler, sans aucun plaisir, d'énormes quantités de nourriture qu'elles vomissent immédiatement. Ce sont les cycles gavages-vomissements.

Dans les deux cas, la pathologie se caractérise par un refus plus ou moins systématique de se nourrir. De ce fait, la malade étudie et sélectionne minutieusement les aliments, retenant essentiellement ceux qui ne font pas grossir ; elle bannit le gras et ingurgite par petites bouchées soigneusement mâchées. Les apports caloriques journaliers diminuent, puisqu'ils passent de 2 000 kJ environ – ce qui correspond aux besoins d'une femme en pleine santé – à moins de 300. La restriction porte principalement sur les glucides – les sucres – et sur les lipides – les graisses – totalement supprimés de l'alimentation. Elle n'accepte pour se nourrir que des protéines – viandes, poissons, œufs, fromages – en faibles quantités. Malgré ces précautions, l'anorexique éprouve un fort sentiment de culpabilité immédiatement après la prise alimentaire.

Il s'ensuit une perte de poids vertigineuse et dangereuse puisque les besoins de l'organisme ne sont pas respectés. À force de ne rien manger, les mécanismes de faim et de satiété s'altèrent. L'amaigrissement devient pathologique et s'accompagne de nombreux problèmes physiques : fatigue permanente, aménorrhée, insomnies, chutes des cheveux, frilosité récurrente et pertes de mémoire, hypocalcémie – baisse du taux de calcium dans le sang –, risque d'ostéoporose, carences vitaminiques en oligoéléments, cyanose des extrémités – coloration bleutée due à l'insuffisance de globules rouges et d'oxygène –, crampes au ventre et constipation. Dans un cas sur quatre, l'anorexique souffre de potomanie – besoin permanent de boire – pouvant conduire à une intoxication par l'eau.

Ces tableaux pathologiques deviennent cependant obsolètes car les anorexiques d'aujourd'hui, très au fait des risques de dénutrition, notamment grâce à Internet, compensent leurs insuffisances nutritionnelles par des vitamines en gélule, de la vitamine D en ampoule, du calcium, des oligoéléments, etc. Cette évolution, cette philosophie de la réduction des risques qui consiste à rester anorexique sans en subir les méfaits, s'observe également dans le domaine de l'image corporelle : de plus en plus d'adolescentes et de femmes souffrant de cette pathologie décident de recourir à la chirurgie esthétique pour réparer la disparition des caractères sexuels secondaires, comme la perte de poitrine, par exemple. Il n'est pas rare de croiser sur une plage ces nouvelles silhouettes au visage creusé, à la chevelure longue et abondante, aux bras et aux cuisses faméliques mais aux seins hollywoodiens. Cette chirurgie appelée « chirurgie mammaire » ferait sourire n'importe quel lacanien en manque d'imagination !

Une fois que la malade commence à perdre des kilos, le processus s'accélère très rapidement. La perte de poids peut aller jusqu'à 50 % du poids normal. Pourtant, l'anorexique se voit toujours trop grosse et éprouve une peur panique et permanente à l'idée de prendre un seul gramme. Elle a une perception anormale et erronée de l'image de son corps et son désir éperdu de minceur la pousse à adopter un comportement mettant en danger sa propre existence. « J'aspire à la transparence, j'ai envie de m'effacer », m'expliquait Amélie, l'une de mes patientes. « Chaque jour, je scrute les moindres recoins de mon corps avec la hantise de trouver un bourrelet de graisse. Plus je maigris, plus cette peur de grossir m'obsède et plus je me trouve grosse, alors j'arrête de manger. » Ce n'est qu'après avoir constaté une perte de poids évidente qu'Amélie retrouvait, hélas provisoirement, une certaine sérénité et, je dirais même, une sensation de toute-puissance.

À ces différents signes s'ajoute souvent une hyperactivité physique et/ou intellectuelle. La majorité de ces jeunes filles fait partie des meilleures élèves, tant au niveau scolaire que sportif, puisqu'elles cherchent à posséder une parfaite maîtrise d'elles-mêmes. C'est une sorte de défi qu'elles se lancent, le défi d'un idéal de perfection, à défaut de LA perfection.

En 1979, une étude menée par les docteurs Dally et Gomez estimait que 10 % des adolescentes brillantes vivant en Occident, et venant de milieux socioculturels élevés, souffraient d'épisodes modérés d'anorexie. En effet, les troubles alimentaires se sont essentiellement développés au cœur des sociétés occidentales, là où la nourriture abonde et où, paradoxalement, la minceur, le contrôle du poids et de l'apparence s'associent à l'idée de beauté, de performance et d'efficacité. Aujourd'hui, cette pathologie atteint toutes les couches sociales et culturelles, y compris en Afrique du Nord, région du monde épargnée jusque dans les années 1990.

Si ces jeunes femmes manifestent un véritable intérêt pour les activités intellectuelles, il n'en est pas toujours de même en ce qui concerne les relations sexuelles. L'anorexie mentale et la perte de désir sexuel vont parfois de pair. Cette volonté d'ascèse permet de nier la fatigue et se traduit, d'ailleurs, par un certain état d'excitation. Clara, l'une de mes patientes, me l'exprima clairement, fière de « n'avoir pas fait l'amour depuis quatre ans ». Face à mon silence quelque peu dubitatif, elle ajouta : « C'est comme si je tendais vers une pureté absolue. Je fais en sorte que rien ni personne ne vienne me salir. » Puis, elle me regarda longuement, droit dans les yeux et avoua : « C'est jouissif, docteur ! »

Si l'anorexique rencontre des problèmes avec la nourriture, elle en rencontre davantage avec son corps. Comme si son objectif secret se résumait à « moins de corps et plus d'esprit ». Elle mène un combat contre ce corps de femme, de mère en (im)puissance, qui prend trop de place et qu'elle considère comme une menace : « J'espère, un jour, me détacher des contingences matérielles et m'élever au-dessus. »

Très cérébrale, l'anorexique réduit drastiquement son existence à une maîtrise intellectuelle, de manière à éloigner ses émotions et sa vie affective. « On ne s'aime pas et on ne veut pas être aimée », me confia Clara. « On ne veut pas être touchée. La plupart du temps, cette maladie nous tue sur le plan émotionnel. C'est d'ailleurs ce que nous recherchons : la mort des émotions. » Clara avait 18 ans. Malgré son impressionnante maigreur, je pouvais imaginer la ravissante adolescente qu'elle avait été, avant de plier aux injonctions pathologiques de l'anorexie. Son obsession de pureté et de minceur extrême l'avait conduite à cesser toute activité. « Ma vie, mes journées, mon mode de fonctionnement s'organisent autour de mon corps. Mes pensées sont focalisées sur la comptabilité de ce que j'ai mangé, de ce que je mange et de ce que je vais manger. »

Je reconnus, à travers les propos de cette jeune femme, certains critères de dépendance. Comme pour un cocaïnomane ou un héroïnomane – dont la pensée serait en permanence monopolisée par la substance et dont le quotidien n'existerait qu'au rythme de ses prises –, la nourriture devient, pour l'anorexique, le centre de ses préoccupations, une source de souffrance qui, de fait, l'empêche de vivre normalement. Comment faire pour perdre du poids, pour cacher à son entourage le fait de ne pas se nourrir, pour éviter d'être conviée à dîner chez des amis ? Telles sont les sempiternelles questions que le cerveau de l'anorexique impose à la jeune femme. L'obsession est si prégnante que la malade peut se peser sur sa balance à haute sensibilité plusieurs fois dans la même journée, passer des heures devant le miroir à s'observer, à vérifier la moindre parcelle de son corps, ou encore enfourcher dès le réveil son vélo d'appartement pour perdre quelques centaines de calories.

Lors de mes consultations « classiques » d'addictologie, les témoignages de mes patientes me confirmèrent ainsi que les troubles alimentaires entraient, à l'évidence, dans le domaine des dépendances. En effet, la très grande majorité des drogues entraîne des modifications dans les habitudes alimentaires : les amphétamines et la cocaïne se révèlent de puissants anorexigènes (coupeurs d'appétit). L'alcool, contrairement à la légende, ne suscite pas particulièrement l'envie de manger. Quant au tabac, il coupe carrément la faim. À l'inverse, le cannabis est une des rares substances psychoactives – qui agit sur le cerveau – à posséder, surtout lors des premiers usages, un réel pouvoir orexigène – qui ouvre l'appétit. Les somnifères, et notamment les benzodiazépines incisives tels le Rohypnol, l'Halcion ou encore le Noctamide, mais aussi des tranquillisants plus communs tel le Lexomyl, peuvent déclencher des *binge eating* – accès boulimiques intenses – nocturnes. Rappelons également qu'un grand nombre d'addictions comportementales, dites aussi addictions sans drogues, peuvent s'accompagner de troubles majeurs de la nutrition : les cyberdépendants, les joueurs pathologiques, les workaholics – dépendants au travail – et les sportives excessives en sont quelques exemples. Enfin, une évidence mérite également d'être rappelée : tous les sevrages des addictions, à l'exception de la boulimie et parfois du cannabis, s'accompagnent de prise de poids.

Au-delà de ces intrications « drogues-troubles nutritionnels », bien connues de tous les spécialistes en toxicomanie, je me suis rendu compte que d'autres signes cliniques venaient compléter ce tableau addictif, notamment chez les personnes souffrant de boulimie. Ces dernières se trouvent confrontées à l'urgence du besoin de manger, de se « remplir », et de la satisfaction obtenue. Elles dépensent de fortes sommes – jusqu'à s'endetter – pour se procurer leur nourriture, puis s'enferment chez elles. Quand la crise et le besoin de manger surviennent, elles entrent alors dans un état second et perdent le contrôle de leur comportement. « Dès que je sentais une crise monter, je quittais immédiatement l'endroit dans lequel je me trouvais pour me réfugier chez moi et laisser libre cours à ma boulimie, se souvient Sarah, anorexique-boulimique pendant huit ans. J'éprouvais une sorte de soulagement incroyable. Je me remplissais... »

À aucun moment cette jeune femme n'a mesuré la gravité de son état. Elle s'était tout simplement installée dans le déni : dernier critère de la dépendance. À ce déni s'ajoute parfois ce que nous appelons un « élément égosyntonique » : pour mieux nier leur propre pathologie, certaines patientes vont jusqu'à aimer leur maladie et l'élèvent en mode de vie, voire en quête spirituelle. Nous pouvons aisément retrouver cette forme de déni sur certains sites Internet appelés « pro-ana ». L'éloge de l'anorexie s'y pratique au fil des témoignages, des *chats*, ces échanges entrés dorénavant dans les mœurs, nonobstant la réalité et la dangerosité mortelle de la maladie addictive alimentaire.

À mes yeux, l'anorexie mentale s'avère donc une dépendance à part entière. Avec une singularité de genre : celle d'être typiquement féminine puisqu'elle ne concerne que 1 homme pour 10 à 15 femmes et touche 2 % d'entre elles. Et plutôt que de parler des femmes en général, je parlerais plus volontiers d'adolescentes, car même s'il existe des cas d'anorexie chez les adultes, cette maladie trouve toujours ses origines dans la période charnière de la jeunesse. Oui, l'anorexie est bien la maladie de l'adolescence. Plus elle démarre précocement – entre 9 et 11 ans –, plus le pronostic s'annonce sévère.

Les chiffres parlent d'eux-mêmes : 60 % des adolescentes se déclarent grosses, et obèses dans 5 % des cas. Seules 20 % d'entre elles sont satisfaites de leur corps, 90 % montent sur la balance plusieurs fois par mois et 15 % plusieurs fois par jour. À 14 ans, 33 % des filles avouent avoir déjà fait un régime. 0,5 à 1 % des jeunes filles présentent aujourd'hui une anorexie mentale. La réalité se situe probablement au-delà de ces pourcentages, car nous savons que, niant complètement leur maladie et leur maigreur, ces adolescentes ne consultent leur médecin que contraintes et forcées par leur affaiblissement physique ou par leur entourage. Enfin, les formes associant anorexie et boulimie ne cessent d'augmenter !

Cette pathologie se déclenche, généralement, entre 13 et 17 ans, à l'âge des profonds bouleversements physiques et hormonaux qui accompagnent la puberté. L'adolescente devient particulièrement sensible aux critiques et au regard des autres.

C'est fréquemment une réflexion maladroite, un « petit régime de rien » ou un événement extérieur apparemment sans relation qui constitue le facteur déclenchant. En effet, lorsque apparaissent les premières prises de poids ou les problèmes de peau comme l'acné juvénile, l'idée de se regarder dans un miroir devient, pour bon nombre de ces jeunes adultes, un véritable supplice. Sans oublier l'insupportable vision des caractères sexuels secondaires. « Tout a commencé lorsque j'ai remarqué pour la première fois le bout de mes seins pointer sous mon tee-shirt, m'expliqua Axelle, jeune patiente de 15 ans. J'avais honte, alors je me suis mise à piquer les pulls de mon père pour dissimuler mon corps. Un an plus tard, ma poitrine avait doublé de volume, et c'est à ce moment-là que j'ai commencé un régime pensant que mes seins diminueraient. »

Sous prétexte de régime, ces jeunes filles se nourrissent de moins en moins : ainsi croient-elles reprendre la maîtrise d'elles-mêmes en empêchant leur corps d'exister. Ce refus de la féminité, du corps sexué, peut même aller plus loin comme me le raconta Salomé, 25 ans : « Le plus grand traumatisme de mon adolescence, je l'ai vécu à 11 ans, la première fois que j'ai eu mes règles. Personne ne m'avait préparée et, durant une journée entière, je me suis retenue d'aller aux toilettes de peur de voir le sang couler. Ma mère inquiète de mon comportement a cherché à me rassurer en me disant ces quelques mots qui, je crois, ont déclenché mon anorexie : "Ne t'inquiète pas, à partir d'aujourd'hui, tu deviens une femme." Vous imaginez, docteur, s'exclama-t-elle, ce que cela peut provoquer dans la tête d'une petite fille de cet âge ! Dès cet instant, j'ai décidé d'arrêter de grandir, donc de me nourrir et, ô miracle, mes règles ont disparu définitivement. » Salomé omit tout de même de me préciser que l'absence de règles survint alors qu'elle ne pesait plus que 32 kg.

Au vu de ces témoignages, l'anorexie se résumerait alors à une sorte de « compromis » lorsque poussée de croissance, maturation sexuelle et passage à l'âge adulte deviennent mentalement difficiles à gérer. Elle créerait un espace délirant, suspendu et verrouillé, empli d'inébranlables convictions, dans lequel l'esprit dominerait le corps et le temps et ne se laisserait pas soumettre à l'influence des hormones féminines.

Bien souvent l'anorexie est aussi à mettre en relation avec ce que l'enfant, ou l'adolescente, a perçu des remarques et du regard parental sur son corps. Les phrases imprudentes telles que : « Si tu continues à manger comme ça, tu deviendras obèse » ou « Fais attention à toi, ma chérie : si tu veux plaire aux hommes, il faut que tu manges moins » ont des répercussions parfois désastreuses sur les conduites nutritionnelles des jeunes femmes.

Au-delà de ces problèmes propres aux adolescentes, les causes de ces troubles alimentaires sont multiples et très controversées chez les spécialistes. Certains évoquent, sans grande surprise, des facteurs psychologiques comme la mauvaise estime de soi, le souci de plaire, d'être aimé ou encore la difficulté de grandir. D'autres privilégient la sphère familiale qui engendrerait ce type de comportement lorsque la jeune femme rencontre des difficultés à communiquer avec son entourage proche, à exprimer ses émotions ou encore lorsqu'elle doit assumer des responsabilités d'adulte. Pour Maurice de Corcos, il s'agirait d'une incapacité à s'opposer de manière franche avec la mère : « Le masochisme de la fille tenterait ainsi de prendre le dessus sur le sadisme – masqué et ébouriffant – de la mère, en attaquant son propre corps, ce que la mère n'ose faire[1]. » La fille anorexique vivrait d'autant plus dans l'ombre de sa mère que celle-ci se révèle brillante et passionnante, bref, qu'elle tend à prendre toute la place.

N'oublions pas, enfin, les pressions culturelles et sociales exercées sur les jeunes femmes, et notamment celles des magazines féminins qui imposent la minceur comme synonyme de réussite et de bonheur. De fait, lorsque l'on se veut une jeune

1. Maurice de CORCOS, *Le Corps insoumis : psychopathologie des troubles et des conduites alimentaires*, Dunod, 2005.

femme moderne, comment ne pas craindre le regard des autres, comment ne pas accorder une importance capitale à l'apparence et surtout, surtout, comment vivre avec la hantise permanente de grossir ? Autant dire que la situation ne s'arrange pas. Toutes les études confirment que le diktat de la minceur et les préoccupations corporelles ne cessent d'augmenter chez les femmes. Rien d'étonnant alors que nos modèles culturels prônent, en permanence, le culte de la minceur, pour ne pas dire de la maigreur. Il est bien loin le temps où les formes et les rondeurs, l'image de la femme charnue, de celle que l'on appelait jadis « la femme en chair », représentaient l'idéal féminin, l'objet de tous les fantasmes. Aujourd'hui, et particulièrement dans nos sociétés occidentales, un corps désirable n'est plus un corps en bonne santé mais un corps dont les formes et le poids sont parfaitement contrôlés dans le sens d'une minceur sans cesse plus flagrante. Il suffit de parcourir les gros titres des magazines féminins à l'approche du printemps : « Maigrir en dix jours », « Hors-série spécial minceur », « Comment affiner sa silhouette ? » ou encore « Faites-vous un corps de rêve pour l'été », etc. Inutile de préciser le record de ventes de ces numéros ! Ainsi, l'accent mis par les médias, et particulièrement par la presse féminine, sur la minceur au détriment de la santé peut se révéler dévastateur pour des jeunes filles en pleine croissance.

Rappelons-nous la polémique suscitée il n'y a pas si longtemps lors d'une émission allemande[1] destinée à dénicher la nouvelle Claudia Schiffer. Au cœur du scandale, le célèbre mannequin Heidi Klum, accusée par certains journaux de prôner l'anorexie et de pousser les jeunes candidates à des régimes drastiques. « Maigrissez et vous aurez une chance de réussir », tel aurait pu être le message de l'émission. Pour preuve, une jeune femme prénommée Irina fut écartée du programme en raison de ses rondeurs. Elle mesurait 1,76 mètre pour 52 kilos ! Bien heureusement, ces propos ont fini par alarmer médecins et

1. *Germany's next top model.*

responsables politiques au point que certains exigèrent l'arrêt de l'émission. Refus catégorique de la chaîne. Par un communiqué de presse, elle déclara ne pas vouloir supprimer un programme qui bat tous les records d'audience.

Le 26 juin dernier, l'Association américaine contre l'anorexie et la boulimie a, d'ailleurs, demandé au portail Yahoo ! de retirer 115 sites valorisant l'anorexie mentale. Ce dernier en a dissous 21 ainsi que tous les forums ou clubs de discussion évoquant le sujet.

Bien que les adolescentes représentent le plus fort pourcentage de personnes souffrant de cette pathologie, ne négligeons tout de même pas ces jeunes femmes adultes vivant dans un milieu aisé et évoluant dans un environnement compétitif, pour lesquelles le bonheur et le succès sont conditionnés et évalués par toute une série de critères corporels.

Quelques groupes semblent également plus touchés que d'autres, notamment certains corps de métiers comme la danse, le mannequinat ou le sport de haut niveau, qui mettent les jeunes femmes en concurrence physique et exigent d'elles une minceur importante et un entraînement intensif.

J'ai tenté, à plusieurs reprises, de définir ce que certains appellent le « profil type » du dépendant. Je n'y suis jamais totalement parvenu. En dehors d'une hypersensibilité, d'une hyperémotivité, de trop nombreux paramètres entrent en jeu pour pouvoir y déceler un tronc commun : l'héritage génétique, l'environnement social, familial, l'histoire personnelle, etc. Chaque cas est particulier. Toutefois, en m'appuyant sur quelques études et sur une certaine expérience clinique, j'ai pu identifier quelques similitudes entre ces femmes anorexiques, ainsi qu'un certain nombre de comportements récurrents :

- ✔ Déni de la gravité de leur état et de leur amaigrissement qui traduit à l'évidence une importante perturbation psychique, proche d'une conviction délirante.
- ✔ Attitude autodestructrice : pour faire face à une trop grande souffrance, ces jeunes femmes cherchent à se faire

du mal. Elles ont parfois recours à des comportements d'automutilation, voire au suicide.

- ✔ Perfectionnisme : le sentiment permanent d'inefficacité, d'impuissance, la crainte de ne jamais être à la hauteur les poussent à chercher sans cesse la perfection. C'est pour cette raison que la plupart réussissent brillamment leur scolarité.
- ✔ Abandon des loisirs et perte de vie sociale : l'anorexique, focalisée sur son désir de maigrir va, petit à petit, s'enfermer dans son monde et devenir de moins en moins accessible à son entourage.
- ✔ Hyperactivité : la plupart des personnes souffrant de cette pathologie fréquentent les centres de *fitness*, pratiquent un sport de manière extrême, parfois même jusqu'à l'épuisement physique. Tout est bon pour dépenser davantage de calories et maigrir le plus rapidement possible.
- ✔ Comportement extrémiste : il correspond à des périodes d'euphorie qui alternent avec des moments de forte dépression, de découragement et d'isolement. L'anorexique va, par exemple, se désintéresser totalement de la sexualité, puis soudain chercher par tous les moyens à séduire.

C'est finalement l'attitude générale de la jeune fille qui caractérise le mieux la maladie : le besoin contraignant, voire tyrannique, de contrôler et de maîtriser toutes ses activités – repas, scolarité, relations familiales, vie affective et émotionnelle – provoque bien souvent un repli sur soi et sur les performances scolaires et physiques, au détriment des sorties et des relations sociales et sentimentales. L'expression « laisser-aller » se trouve bannie du vocabulaire et de l'imaginaire de l'anorexique. Une autre piste fréquemment visible est celle des représentations quasi délirantes que se fait l'anorexique de son corps et de son fonctionnement. Les phrases entendues lors des observations médicales restent alors très évocatrices : « un corps tuyau, sans organe ni vie », « un contrôle sphinctérien élu au rang de cadenas », « un ventre déshabité qui jamais ne doit gonfler »...

L'entourage familial ne semble pas être la solution aux problèmes de l'anorexie. Face à cette maladie, les proches se sentent inévitablement envahis par une foule de sentiments contradictoires comme la culpabilité, la tristesse, la colère et surtout l'impuissance. De plus, l'adolescente se retrouve souvent en conflit avec ses parents qui ne savent pas toujours comment se comporter avec leur fille. Elle ne tarde pas à réaliser qu'elle peut aisément maîtriser, voire tyranniser son entourage. Mensonges, dissimulation de nourriture et chantage affectif s'installent rapidement pour échapper à tout contrôle extérieur. C'est pourquoi, pour que l'hospitalisation soit bénéfique, une séparation entre la jeune fille et ses parents me paraît indispensable. Elle permet à l'adolescente de nouer d'autres relations, de mobiliser ses propres ressources et d'avoir la sensation d'exister par elle-même. Cette séparation excède rarement deux mois.

Lorsque ces jeunes anorexiques acceptent finalement de consulter – souvent contraintes et forcées, car, la plupart du temps, elles ne se considèrent pas malades –, il devient difficile pour nous, médecins, de percer le mystère. Alors qu'une alliance se noue naturellement avec mes patients addicts classiques, j'ai le sentiment qu'un écran se dresse entre ces jeunes femmes anorexiques et moi ; le sentiment de me retrouver au cœur d'un combat, à la recherche d'aveux impossibles. Nos échanges demeurent masqués, parfaitement contrôlés par ces patientes qui refusent de se livrer et d'extérioriser leur mal-être. Non pas parce qu'elles ne l'identifient pas ou parce qu'elles n'arrivent pas à mettre des mots sur leurs maux, mais plutôt parce que parler « vrai » reviendrait à se renier... et perdre. Aussi séductrices, sociables et attendrissantes soient-elles, les anorexiques demeurent inaccessibles. Quel secret cache donc leur corps, me suis-je souvent demandé ?

Comme dans toute dépendance, les personnes souffrant d'anorexie mentale doivent être traitées médicalement. Inutile alors de leur demander de faire appel à leur volonté pour se réalimenter ou cesser de manger, cela ne servirait qu'à les culpabiliser davantage. Inutile de mettre en accusation leur comportement. À quoi bon traquer le traumatisme ayant déclenché la maladie, à quoi bon découvrir la faille, la cause qui expliquerait la signification de ces troubles ? Je le rappelle encore : dans le domaine des addictions, il ne suffit pas de savoir pour pouvoir. Il ne suffit pas non plus de vouloir pour pouvoir.

Reconnaître l'anorexie comme une addiction, et donc comme une authentique maladie, permet à nos patients de quitter cette logique d'effort, d'enfermement et de culpabilité. C'est pourquoi l'appellation « troubles addictifs alimentaires » – ou T2A – me paraît plus appropriée que celle de « troubles du comportement alimentaire » – ou TCA. Il ne s'agit pas de demander à nos patientes d'adopter une bonne conduite pour guérir. Cela s'avère inefficace dans la grande majorité des cas et ne fait que renforcer l'idée de maîtrise et de volonté. Aidons-les plutôt à accepter leur maladie et, enfin, à se laisser traiter. Cependant, ces lignes de bonne pratique clinique ne suffisent pas pour faire face à cette maladie, hélas, meurtrière, aux causes floues et en constante augmentation. Ces vingt dernières années, les cas d'anorexie auraient été multipliés par quatre, passant de 1 pour 1 000 à 4 pour 1 000. Que pouvons-nous faire, à défaut de comprendre, tout comprendre, de soigner, tout soigner ? Au risque de choquer certains, je juge nos approches médicales et psychologiques actuelles insuffisantes pour traiter correctement cette maladie.

La spectaculaire capacité cérébrale de l'anorexique à maltraiter son corps me semble être un exemple fort pour souligner nos carences persistantes. Nos possibilités de compréhension globale de cette pathologie restent bien limitées, tout comme le nombre de services et de lits spécialisés. Je fais référence à quelques initiatives, comme la maison de Solenn, inaugurée par Mme Chirac et dédiée à l'étude et au traitement de ce qui est, répétons-le, la plus menaçante des maladies psychiatriques. Faut-il, dès maintenant, tirer la sonnette d'alarme en réclamant un Plan national anorexie, comme il en existe aujourd'hui pour le cancer et pour la nutrition ?

En l'absence de moyens logistiques, thérapeutiques et pharmacologiques efficaces, nous devons commencer par mettre en place une stratégie de réduction des risques comme nous l'avions décidé pour le sida à ses débuts, quand nous savions si peu et ne possédions rien, aucun traitement : « Si vous ne voulez pas attraper le sida, ne vous droguez pas. Si vous vous droguez, ne vous shootez pas. Si vous vous shootez, ne partagez pas la seringue. Si vous partagez la seringue, lavez-la à l'eau de Javel, etc. »

À défaut de pouvoir soigner l'anorexie, essayons d'éviter le pire en nous attaquant aux conséquences graves de cette maladie. En premier lieu, corrigeons ce que nous pouvons : l'hypokaliémie – diminution du taux de potassium dans le sang due à la dénutrition –, l'irritation œsophagienne causée par les vomissements, ou encore les problèmes, de peau. Tentons d'améliorer par la suite les troubles de l'humeur, du sommeil ou de la pensée – quand ils existent, et ils existent presque toujours –, afin de diminuer le risque d'automutilation ou de passage à l'acte suicidaire. Sans oublier le traitement des problèmes hormonaux afin de rétablir le cycle menstruel des anorexiques qui, malgré une reprise de poids, ne voient pas réapparaître leurs règles. Cette substitution hormonale initiale doit être particulièrement et finement surveillée puis évaluée car, ne l'oublions pas, certaines anorexiques supportent mal les effets des hormones féminines sur leur cerveau.

Ce n'est qu'après ces premiers temps de prévention pragmatique, d'alliance, et non de complicité, avec la patiente, que nous pourrons décider tranquillement de la suite à entreprendre, sauf si le pronostic vital est engagé, auquel cas une hospitalisation d'urgence s'impose. Le traitement idéal associerait médecin généraliste, psychothérapeute, gynécologue et nutritionniste ou diététicien. Il devrait, à mes yeux, impliquer bien plus souvent un spécialiste des addictions.

Cette hospitalisation s'accompagne traditionnellement d'un

certain nombre de questions centrales : celle de la nutrition « forcée » par sonde digestive appelée encore nutripompe, celle du contrat entre la patiente et l'équipe soignante et, enfin, celle de l'isolement, avec notamment la mise à l'écart de la famille. La nutrition artificielle se révèle nécessaire quand la cachexie, ou extrême maigreur, menace et que les troubles psychobiologiques entraînés empêchent toute possibilité de dialogue conscient et d'adhésion aux traitements. Pour le docteur Corcos, la patiente, enfin soumise et passive, se laisse aller et « livre alors des affects et des éléments notables de son histoire ». Quant à l'isolement et à l'éloignement du milieu familial, j'utilise mes principes de traitement des addictions : dans un premier temps un médecin ou un psychologue reçoit les proches, recueille les diverses informations sur les trajectoires et éventuels conflits familiaux, puis demande à l'entourage de s'éloigner une dizaine de jours de l'enfant. Dans un second temps, selon l'évolution initiale et les informations récoltées, cette période d'observation s'arrête ou se prolonge. Quelle que soit la décision, nous l'expliquons aux parents en prenant bien soin de ne pas les laisser perturber notre travail en cours tout en les protégeant de tout sentiment d'exclusion ou de culpabilité.

Une anorexie évoluée ne peut s'inverser, se traiter sans une aide médicamenteuse aussi précise que possible. Une fois cette stabilisation obtenue soit par alimentation artificielle – par sonde – si elle se révèle nécessaire, soit par la prise quotidienne de psychotropes, soit par les deux conjugués, le traitement psychologique pourra s'inscrire et engendrer une certaine efficacité.

Les quelques équipes françaises spécialisées dans ce type de réalimentation artificielle pour anorexie grave sont, hélas, bien peu nombreuses. Elles appliquent toutes des méthodes semblables fondées sur la force, la fermeté tranquille et la chaleur humaine. Elles témoignent de ce que « le temps de la sonde » est un temps psychique fécond. Les diverses approches de psychothérapie individuelle – psychanalyse, thérapies comportementales – s'associent parfois à des psychothérapies de groupe et à une action auprès des parents de façon à les faire réfléchir au fonctionnement familial.

Ces thérapies familiales permettent de développer plusieurs pistes, tout en restaurant la communication entre les différents membres. Lors de ces entretiens, les parents prennent peu à peu conscience qu'ils n'ont pas volontairement provoqué cette situation. Ils comprennent enfin qu'ils peuvent contribuer activement à résoudre certains problèmes à condition de modifier leurs habitudes, leurs attitudes ou leurs comportements. La jeune fille, quant à elle, s'en veut souvent secrètement d'avoir fait souffrir ses parents. Cette double déculpabilisation famille/-malade semble essentielle à beaucoup de spécialistes, et préalable à toute ouverture au changement.

À mes yeux, toutefois, l'essentiel se situe ailleurs. Je le répète : notre pays doit se mobiliser et entreprendre un travail immense s'il veut aider avec dignité et efficacité ces patientes en mal d'être.

Conseils aux parents :

- ✔ Encourager la malade à consulter.
- ✔ Ne jamais la forcer à manger.
- ✔ Ne pas chercher à l'amadouer en lui proposant ses plats préférés ou des aliments riches en calories.
- ✔ Être à l'écoute, conscient des problèmes qu'éprouvent les adolescentes aux prises avec les changements corporels générés par la puberté. Une taquinerie d'un parent peut avoir un effet plus dévastateur qu'une remarque désobligeante faite par un copain ou une copine.
- ✔ Savoir reconnaître les signes précurseurs des troubles alimentaires, par exemple : une préoccupation excessive de l'adolescente pour son poids, ses formes, ses calories et le choix de ses aliments ; une perte de poids importante associée à un régime restrictif ; un isolement social.

2

Boulimie : dégoûts et des douleurs

Un des pièges de l'exercice médical se nomme égocentrisme : il ne suffit pas de vivre un trouble, un symptôme ou une maladie pour le connaître médicalement, pour devenir un bon spécialiste de la pathologie ressentie. En d'autres termes, les bons dermatologues n'ont pas tous souffert d'acné juvénile, les bons psychiatres ne sont pas – tous – fous, les bons addictologues ne fument pas de joints ou ne sniffent pas forcément de la cocaïne et la bonne gynécologie peut aussi être exercée par des hommes.

Je dérogerai exceptionnellement à cet énoncé légitime à propos de la boulimie et plus exactement envers ce que les Anglo-Saxons appellent le *binge eating*, l'envie impérieuse de manger sans limites.

Mon expérience me trouble encore suffisamment aujourd'hui pour que je m'en souvienne et tente de la faire partager.

En 1985, dans le cadre de conférences internationales, je partis six jours en Tasmanie puis séjournai deux semaines en Californie. Je rejoignis ensuite femme et enfants dans le sud de la France pour un week-end de retrouvailles familiales. Après le dîner, épuisé par ces voyages et ne souhaitant pas subir le décalage horaire, je décidai de prendre un somnifère. Quand je me réveillai, le lendemain matin, soit douze heures après la prise de Rohypnol, je me sentis plutôt frais et reposé... jusqu'à ce que je découvre la mine contrariée et réprobatrice de ma douce moitié.

Quel crime avais-je commis durant la nuit, me demandai-je ? J'avais vidé le réfrigérateur. Au fil de la narration outrée de ma femme, l'amnésie induite par le somnifère s'estompa et, peu à peu, je pus reconstituer la scène que j'avais exécutée tel un zombi affamé. À demi conscient, j'avais « descendu » un étage et dévalisé le Frigidaire avant de me rendre dans la cave décrocher un jambon à l'os pour tenter de me rassasier. Ensuite, sans doute repu et apaisé, j'avais retrouvé ma chambre et m'étais affalé sur mon lit, sans aucun souvenir de mon épopée nocturne.

Le Rohypnol, classé dans la catégorie des benzodiazépines hypnotiques, se trouve aujourd'hui sous haute surveillance et les médecins ne le prescrivent que sur ordonnances sécurisées et pour une courte durée. Ses effets orexigènes et amnésiants restent communs à bien d'autres médicaments de la catégorie des somnifères ou des tranquillisants, mais sa molécule s'avère particulièrement incisive. Depuis cet épisode de *binge eating* provoqué par la prise de ce somnifère, j'ai compris la violence et l'impératif de la boulimie. Cet accès d'hyperphagie s'était déroulé par automatisme, à mon insu, sans que je puisse en contrôler aucun des moments.

De retour à l'hôpital, je pris alors l'habitude d'interroger mes patients dépendants, mais aussi ceux de médecine interne, de pneumologie ou de sidénologie – infection au VIH/sida – sur leur consommation de somnifères, à la recherche de semblables effets secondaires. En un mois, je regroupai sept cas particulièrement spectaculaires de *binge eating* induits par le Flunitrazepam – nom générique du Rohypnol – et les publiai dans une revue européenne de médecine interne avec ma collègue, le professeur Claire Le Jeunne. Je citai les témoignages de ces patientes entendues en consultation, désespérées de ne plus pouvoir s'endormir sans accumuler, au bord de leur lit, une assiette de gâteaux, de sucres et deux grands verres de Coca-Cola, ou encore inquiètes de se réveiller affamées en pleine nuit.

L'histoire de ces femmes ainsi que la mienne m'ont fait intimement ressentir à quel point un milligramme d'un médicament psychotrope pouvait totalement et impérieusement modifier un comportement alimentaire et entraîner par conséquent des crises boulimiques sans que n'intervienne l'histoire sociale ou psychologique du sujet ! Ainsi, je reste persuadé de l'importance du dérèglement neurobiologique dans le déroulement des crises boulimiques, comme dans toutes les addictions d'ailleurs. Cette piste bêtement chimique ne se limite pas à l'exemple évoqué ci-dessus avec les benzodiazépines. Citons, pêle-mêle, le rôle apéritif des corticoïdes, les fringales secondaires consécutives aux prises de neuroleptiques, notamment le Zyprexa, l'hyperphagie du diabète ou encore celle induite par les premières consommations de cannabis. Les adolescents connaissent bien cette irrésistible envie de corn flakes, de Nutella ou de lait concentré sucré !

Alors, pourquoi ne pas supposer que, dans le cerveau des personnes confrontées à la boulimie, quelques peptides – petites protéines – « mal sécrétés » ou une perturbation touchant la région spécialisée dans le contrôle de l'appétit et de la satiété ne suffiraient pas à expliquer un bon nombre de troubles et de crises aiguës ?

Nous avons fini par reconnaître enfin la responsabilité des dérèglements neurobiochimiques dans la schizophrénie comme dans la dépression. Nous commençons à accepter cette responsabilité dans les addictions au tabac – patchs, gommes et nouveaux médicaments nous le prouvent – et à l'héroïne, avec les excellents résultats des traitements de substitution : méthadone et buprénorphine, et maintenant on voudrait nous faire croire que les boulimiques seraient responsables de leurs troubles !

Malheureusement, lorsque la science ne trouve pas de réponses, le coupable demeure encore et toujours le ou la patiente. Pourtant, l'homme et la science connaissent ces troubles depuis bien longtemps. Depuis l'Antiquité au moins ! En effet, boulimie dérive étymologiquement du grec *bous*, le bœuf et de *limos*, la faim. Bref, boulimie signifie « faim de bœuf » ! Cependant, bien que la boulimie soit identifiée depuis des siècles, les descriptions plus précises et les études sur ce trouble de la conduite alimentaire (TCA) ne datent que des trois dernières décennies.

Pourquoi un tel manque d'intérêt jusque-là ? À qui la faute ? À l'anorexie ! En raison de son aspect spectaculaire et surtout de la mise en jeu du pronostic vital, cette maladie a totalement éclipsé la boulimie. Pour les spécialistes, l'anorexie apparaissait comme une maladie sérieuse, au contraire de notre société qui la sous-estimait, alors que la boulimie tout comme l'obésité semblaient davantage résulter de troubles glandulaires bien moins attractifs et, si j'ose dire, bien moins sexy. Certes, dès 1925, Sigmund Freud évoqua le vomissement du boulimique et l'érigea en défense hystérique contre l'alimentation. Certes, dès 1945, le psychanalyste Otto Fenichel en fit une toxicomanie sans drogue. Certes, de nombreux maris furent surpris de découvrir après cinq ou dix ans de vie commune le trouble alimentaire chronique de leur femme, tant ils n'avaient jamais rien remarqué. Certes, quelques partenaires s'inquiétèrent des bruits de vomissements ou encore de la vision de l'eau graisseuse persistant dans la cuvette de leur WC malgré une chasse d'eau tirée à plusieurs reprises. Certes, ces conjoints répétèrent bien des fois sans vraiment s'entendre : « Ma femme est extraordinaire, elle mange comme quatre, à toute vitesse, mais elle ne prend pas un gramme ! »

Hélas, tous ces « certes » n'ont pas suffi à sortir la boulimie de son anonymat douloureux. Ce n'est que dans les années 70 que cette pathologie émergea de l'indifférence et des « toilettes », médicalement et surtout médiatiquement. Il nous faut bien reconnaître, nous médecins, fiers du sérieux et de la précision de ces travaux, qu'elle ne sortit de l'ombre et de l'ignorance populaire qu'au début des années 80 quand la presse féminine donna la parole à des dizaines d'adolescentes et à de nombreuses jeunes femmes « boulimiques et vomisseuses ». Ainsi, autant pouvons-nous continuer d'en vouloir aux magazines féminins racoleurs, aux revues et défilés de mode qui collaborent depuis quarante ans à la dictature de la minceur, autant devons-nous rendre grâce à cette même presse pour son rôle de révélateur de cette maladie auprès du grand public. Elle a su éclairer un phénomène longtemps caché, honteux et douloureux. Elle a osé briser le tabou de la boulimie avec vomissements et/ou prise de laxatifs. Reconnaissons-le, c'est bien la presse féminine qui a fait de la boulimie une question de santé publique, en mettant en lumière ses lourdes conséquences physiques, mais aussi psychiques et sociales. Il fallut également attendre les années 80 pour que le DSM-IV, bible américaine des pathologies psychiatriques, en fasse mention. Eh oui, aux USA, pays où sévit de plus en plus l'obésité, cette pathologie demeurait jusque-là inconnue !

Selon l'US Food and Drug Administration, près de 90 % des personnes vivant dans les pays industriels et souffrant de boulimie médicalement définie sont des femmes. Toutes les études soulignent la nette prévalence des pays du Nord sur ceux du Sud. Cette suprématie de la boulimie dans les pays riches soulève une interrogation : si cette maladie apparaît essentiellement durant la crise de la puberté, si elle représente une forme de passage impulsif lié à l'échec de cette étape maturative, la question est simple : pourquoi plus au Nord qu'au Sud ? La réponse, elle, devient compliquée.

Oublions cette différence de part et d'autre de l'équateur pour revenir à la prédominance de la maladie au sein de la population féminine. En France, 7 à 9 femmes pour 1 homme souffrent de boulimie ; 2 % de la population féminine générale et 4 à 8 % de la population féminine étudiante, soit 220 000 jeunes femmes confrontées à cette addiction alimentaire. D'autres études plus récentes et plus finement menées vont encore plus loin dans le repérage des troubles puisque, dans 70 % des cas, les boulimiques conservent un poids normal. Elles soulignent que 3 adolescentes sur 10 seraient susceptibles de présenter des phases transitoires de boulimie. De fait, le constat interpelle : 9 anorexiques sur 10 et au moins 7 boulimiques sur 10 sont des filles. Comment expliquer de tels chiffres ?

Nous ne pouvons totalement écarter un ou plusieurs facteurs génétiques, mais encore faut-il les dénicher. Le plus logique demeure donc de chercher une explication dans l'expression bien différenciée de la puberté selon le genre : les transformations pubertaires chez une femme et un homme ne remettent pas en cause le corps de la même manière. Pour les garçons, le changement d'apparence se joue du côté de la virilité et flirte donc parfois avec la violence et la délinquance. Pour les filles, la transformation, la métamorphose, se situe davantage du côté de l'apparence avec la place centrale du corps. À cet âge, le « comment je suis ? » chez les adolescentes pourrait se traduire par « quelle tête a mon corps ? ». On devine sans peine l'importance que prend l'alimentation, ou du moins l'idéal de sa maîtrise, dans cette histoire de « par-être ». Cette formidable implication féminine dans l'image du corps et de sa représentation peut expliquer l'actualité de l'anorexie et de la boulimie chez les adolescentes, ainsi que les scarifications ou les automutilations, autres façons d'impliquer son corps à cette période de la vie.

Ces conduites alimentaires pathologiques – boulimie-anorexie – débutent soit à l'adolescence, soit vers 18-20 ans, un âge où l'image du corps, l'identification aux modèles de notre société occupent une grande place auprès des jeunes filles, notamment chez celles se destinant aux métiers de danseuse ou de mannequin. Ces deux troubles restent d'ailleurs liés à la même préoccupation obsédante du corps, de la minceur, des formes corporelles et de la peur phobique de grossir.

Les boulimiques commencent souvent leur parcours par... une anorexie très sérieuse ! Tout au long de leur vie, elles alternent des phases d'anorexie et de boulimie. Seule différence, à l'inverse des anorexiques, tout aussi obsédées par la nourriture, les boulimiques perdent le contrôle d'elles-mêmes et n'éprouvent pas de sentiment de toute-puissance et de maîtrise de soi. En effet, cette pathologie se traduit par des accès démesurés de consommation de nourriture, en l'absence de sensation de faim ou de plaisir. Ces accès peuvent survenir plusieurs fois par jour. La malade essaie de se raisonner, mais la nécessité de « dévorer » s'impose assez rapidement et l'emporte. L'idée de nourriture devient obsédante. « Elle nous submerge en permanence, du matin au soir », m'expliquait Claudia, 22 ans, ancienne boulimique. « Même lorsqu'on se retient d'avoir des crises, elles sont là. On se lève le matin avec l'espoir qu'on ne va pas craquer et qu'on va enfin pouvoir penser à autre chose. Mais plus on se retient, plus l'obsession de la nourriture grandit. Au bout d'un moment, c'est plus fort que nous ; on cède. » L'ingestion alimentaire devient alors impérieuse. Il faut manger le plus vite et le plus possible, de préférence de la nourriture sucrée et très calorique. Le sujet avale les aliments sans même les mâcher. L'envie de manger est irrépressible et la perte de contrôle face à la crise, totale. L'impression de se sentir enfin « calée » intervient lorsque l'estomac est déjà dilaté. Apparaît alors une sensation de répit plus ou moins courte accompagnée d'un vague sentiment de repos et de satisfaction avant l'apparition d'une nouvelle crise.

Les crises de boulimie se déroulent schématiquement en trois temps. Résumons :

- ✔ **Premier temps : la pré-crise.** Le sujet se sent envahi par un sentiment diffus de malaise, de tension et d'angoisse et éprouve une frénésie à manger. Plus rien ne peut désormais l'arrêter. Ni l'entourage proche, ni même l'absence de nourriture. « Il m'est arrivé d'engloutir une plaquette de beurre car je n'avais rien d'autre », m'avoua Claudia.
- ✔ **Deuxième temps : l'accès boulimique.** Le sujet se trouve dans un état second. Il ingurgite une grande quantité d'aliments de façon rapide et désordonnée. C'est une ingestion dite sauvage car la nourriture est parfois saisie à même les mains, mangée à même les boîtes de conserves ou crue. « Tout se passe comme si on se sentait envahie par un vide sidéral, comme si on était restée au stade du bébé qui ne s'apaise que la bouche pleine », poursuivait Claudia.

Nous qualifions les crises boulimiques de crises compulsives, c'est-à-dire qu'elles échappent au contrôle de l'individu. Ce dernier se sent soumis à un besoin de « remplissage », puis bien souvent, mais pas systématiquement, de « purge » ainsi qu'à la répétition de ces conduites. Les accès, parfois imprévisibles, se déclenchent généralement lors d'un état de forte angoisse, mais peuvent tout aussi bien apparaître à la suite d'une simple contrariété comme une contravention sur un pare-brise ou la perte d'un papier. Certaines patientes, en revanche, anticipent et préméditent leurs crises. Dans ce cas, elles achètent, puis stockent d'importantes quantités de nourriture en prévision du moment critique.

✔ **Troisième temps : l'après-crise.** Pour se libérer en partie du malaise et surtout par crainte de prendre du poids, un certain nombre de femmes se purgent par vomissements ou prise de laxatifs. D'autres se programment des séances physiques excessives ou épuisantes pour éliminer les calories ingurgitées. S'ensuit une période de bien-être ou d'assoupissement, mais très vite intervient le sentiment de culpabilité. Un sentiment que Claudia connaît bien : « Je m'en veux terriblement de faire souffrir ma famille, mais je m'en veux aussi parce que je considère la boulimie comme une maladie de luxe. Je suis née au Vietnam, un pays touché par la pauvreté. Mes parents sont issus d'un milieu très pauvre et, durant leur enfance, ils ont souffert de la faim. Alors que moi, je vis dans mon petit appartement du XVe arrondissement, dans mon petit confort, et je passe mes journées à dépenser des fortunes en bouffe et à ingurgiter toute cette nourriture qui finira, de toute façon, dans mes toilettes ! » Puis Claudia finit son récit par cette phrase : « Je hais ma maladie et, à travers elle, c'est moi que je déteste. » Une idée importante à souligner en opposition à celles des pro-anorexiques, dites « pro-ana », qui considèrent les troubles du comportement alimentaire non pas comme une maladie, mais comme un choix de vie.

Voici ce que Delphine, 17 ans, écrivait sur son blog : « Je suis nulle, grosse et répugnante... J'ai trop de rêves dans la tête où j'imagine la perfection. Mais je me sens sale. J'ai 20 kilos en trop et j'éprouve un dégoût de mon corps que je qualifie d'impur. Je hais l'humanité, mais la pire souillure, c'est moi. Je veux souffrir pour devenir pure et c'est dans la souffrance que je découvris le bonheur. J'ai tout le temps peur, j'angoisse que mes notes soient mauvaises, je me sens nulle et vide. Alors pour combler ce vide non pas à l'intérieur de mon corps, mais de mon âme, je mange ou plutôt, je bouffe. »

Culpabilité, remords, dégoût de soi-même et sentiment de honte... Un sentiment si fort qu'il pousse la malade au secret, l'excluant de la vie sociale et familiale. La peur d'être découverte et la crainte du jugement d'autrui poussent les boulimiques à vivre leur crise dans une extrême solitude.

C'est dans ces moments-là que la malade se jure de ne plus jamais recommencer. Jusqu'à la prochaine crise... Le spectre des boulimies me semble, pourtant, très étendu et ne saurait aujourd'hui se limiter aux seules formes féminines d'anorexie-boulimie, tant nous assistons, de plus en plus, à des crises boulimiques sans conduite d'élimination excessive, sans vomissements ni laxatifs, ni sport intensif. Ces formes se cachent parfois sous des diagnostics d'obésité familiale ou encore de dépressions avec hyperphagie. C'est pourquoi cette maladie peut s'éterniser, et d'ailleurs 20 % des patientes se plaignent encore de crises après dix ans de suivi. Nous retrouvons chez elles trois facteurs de mauvais pronostics :

1. Antécédents d'obésité dans l'enfance.
2. Indice de masse corporelle faible, trop grande maigreur.
3. Coexistence d'une dépression.

Ce large spectre des conduites boulimiques envahit même le discours non médical. En témoigne un article récent du journal *Libération* [1] sur David Douillet qui débutait ainsi : « Sa popularité s'est construite sur son invincibilité (quatre titres de champion

1. « Une image qui rapporte gros », *Libération*, 2 octobre 2006.

du monde, deux titres de champion olympique), sur sa bonhomie télégénique et sur sa générosité aux côtés de l'épouse du chef de l'État. David Douillet était un boulimique de victoires, un boulimique de vitesse (il chevauche une Suzuki VZ-R1800). Il est devenu boulimique de pouvoir et d'argent depuis qu'il a interrompu sa carrière sportive. » Ainsi retrouve-t-on aujourd'hui, dans le langage commun, à la fois cette idée de voracité déjà exprimée dans les textes antiques et d'autre part la définition de la dépendance selon les Anglais : « Les addictions sont dues à un appétit excessif ! »

Alors comment se sortir de toutes ces définitions ? Comment ne pas classer dans la même catégorie le moindre grignotage excessif, la moindre fringale ou encore le plus petit effet secondaire d'un somnifère absorbé pour éviter un décalage horaire ? Aucune prise de sang, aucun élément biologique ne permet d'affirmer le diagnostic de boulimie. Pour cela nous devons donc nous référer à la troisième version du DSM-IV qui définit la boulimie de la façon suivante : trouble alimentaire caractérisé par un rapport pathologique à la nourriture, se manifestant par des ingestions excessives d'aliments, de façon répétitive et durable. Afin de compenser l'excès de calories ingérées, la personne boulimique a recours à un ou plusieurs de ces actes :

- ✔ Provocation du vomissement.
- ✔ Utilisation inappropriée des laxatifs ou des diurétiques.
- ✔ Exercice physique excessif.
- ✔ Imposition de restrictions alimentaires de type anorexiques.

Il existe, cependant, d'autres traits cliniques que nous retrouvons au cours de nos consultations et qui méritent une attention particulière :

1. La consommation ne porte pas forcément sur des aliments procurant un plaisir gustatif.
2. Les patientes ont presque toujours conscience de « prati-

ques alimentaires anormales » lorsqu'elles ingèrent rapidement de grosses quantités de nourriture.

3. La boulimie est souvent associée à une consommation excessive d'alcool et de médicaments.

Et enfin, répétons-le, le poids ne définit pas la boulimie qui peut tout aussi bien conduire à la maigreur qu'à l'obésité, et également à un poids fluctuant mais proche de la normale !

S'il semble laborieux et complexe de définir cette maladie, il me paraît d'autant plus difficile d'en rechercher ses causes.

D'où vient cette obsession ? Pourquoi ces personnes ressentent-elles le besoin de se « gaver », comme elles disent, pour survivre ?

Praticiens et chercheurs s'accordent à reconnaître l'origine plurifactorielle de ce trouble : émotionnelle, psychologique, sociale, familiale et biologique. Des facteurs paradoxalement semblables à ceux de l'anorexie mentale. Mais à l'inverse des anorexiques, les boulimiques souffrent d'un manque de confiance pathologique. Selon le DSM-IV, cette dévalorisation de soi constituerait l'un des principaux critères diagnostiques de la boulimie.

En fait, aucune cause ne semble formellement établie, ce qui donne lieu à de multiples hypothèses. Les unes évoquent un dérèglement endocrinien, les autres passent en revue tous les diagnostics psychologiques, certaines s'appuient sur les découvertes neurobiologiques récentes pour proposer une explication chimique, d'autres, enfin, évoquent la nourriture comme un moyen de compenser des émotions et des sentiments indomptables ou insurmontables. Je pense, pour ma part, que la lecture des addictions confirme dans ce domaine tout son intérêt car elle permet de réunir l'ensemble de ces dimensions et hypothèses et de n'en mésestimer aucune.

Mais en pratique, de quoi se plaignent les boulimiques ? Essentiellement de la peur du regard des autres, puis accessoirement de quelques signes fonctionnels de santé alors que des complications graves peuvent parfois les menacer.

Ainsi, les patientes mentionnent le plus souvent soit des fluctuations de poids, soit une « immense » fatigue, un problème de constipation ou des ballonnements, des douleurs abdominales atypiques ou des règles irrégulières. Paradoxalement, ces personnes se plaignent rarement de ce qui peut faire la gravité de leur maladie. En effet, le remplissage rapide de l'estomac provoque souvent des distensions douloureuses : inflammations de l'estomac et des muqueuses de l'œsophage allant parfois jusqu'à l'ulcère. Peuvent survenir également une inflammation des gencives, un endommagement des dents et un gonflement des glandes salivaires.

Dans certains cas plus graves, nous pouvons assister à des défaillances cardiaques. Sans oublier les risques d'hypokaliémie provoquée par la prise de diurétiques.

À ce propos, je me souviens d'une de mes premières consultations à l'unité des Troubles alimentaires addictifs de la clinique Montevideo. Christine, pharmacienne de 35 ans, demandait une nouvelle approche thérapeutique pour apaiser ses accès boulimiques avec vomissements, apparus dès la fin de son adolescence. En dehors des nombreux médecins et psychologues antérieurement consultés, elle n'avait jamais parlé de sa pathologie à quiconque, surtout pas à sa famille qui la considérait comme une *superwoman*, ni à son mari pédiatre et encore moins à ses collègues de l'hôpital. Elle se plaignait de l'amplitude de ses « yoyo » corporels, oscillant depuis quinze ans entre 42 et 83 kilos pour une taille de 1,73 mètre. Elle pestait contre l'inefficacité des traitements proposés pour juguler ses crises de boulimie, toujours suivies de vomissements provoqués et de prise de laxatifs. Malgré son parcours médicalisé, elle ne put me répondre lorsque j'évoquai sa kaliémie, son taux de potassium. Je lui fis effectuer immédiatement un examen sanguin et pratiquer un électrocardiogramme. Celui-ci afficha tous les signes d'une hypokaliémie majeure avec des troubles du rythme cardiaque. On me communiqua en urgence le résultat biologique : son taux de potassium s'était effondré, elle risquait la mort subite !

Autre menace somatique dangereuse : les risques de rupture des vaisseaux du bas de l'œsophage. Nous appelons cette hémorragie le syndrome de Mallory-Weiss. Elle est provoquée par les efforts répétés pour se faire vomir et le refus brutal dans l'œsophage d'un volumineux contenu gastrique. Certes, ce risque de rupture vasculaire œsophagienne, aussi dramatique que réel, demeure fort heureusement exceptionnel. La grande majorité des saignements suite aux efforts de vomissement se limite à la rupture de petits vaisseaux pharyngés situés au fond de la gorge.

Ces précisions ne manquent pas d'intérêt, car l'acte impérieux de se faire vomir reste extrêmement stigmatisé par notre société. Il se vit comme un acte « indigne », comme une sale faiblesse, un vice, et si, en plus, à chaque vomissement nous associons une menace de mort par hémorragie brutale, nous risquons fort de majorer la culpabilité, la honte et l'angoisse de nos patientes. Il me paraît plus utile, au contraire, de dédramatiser cet acte, de le ramener à un simple symptôme et d'apprendre à nos patientes comment réagir en cas de saignements digestifs persistants, en avalant par exemple un grand verre d'eau glacée.

Ainsi les boulimies, pathologies mal connues, multiples et complexes, suscitent-elles encore de nos jours autant de répulsion que d'interrogations !

Comme l'écrit Guy Carlier : « Cette maladie est une addiction. On est boulimique comme d'autres picolent, se dopent, ou fument cinq paquets par jour, mais pour ceux qui ne se font pas vomir, la boulimie alimentaire est une salope visible. Tellement visible qu'elle en devient gênante. Tellement visible qu'elle inspire un dégoût absolu[1]. »

Le mot « dégoût » peut sembler paradoxal quand on parle d'appétit vorace, et pourtant il revient si souvent dans la bouche, si j'ose dire, des patientes boulimiques ! Soit elles se dégoû-

1. Guy Carlier, *Le Cœur au ventre*, Plon, 2006.

tent en s'empiffrant, soit elles se dégoûtent en vomissant, soit elles se dégoûtent en grossissant, soit elles se dégoûtent dans le regard des autres.

Et pourtant, au-delà de la douleur, bien souvent – pour ne pas dire toujours –, mes patientes addictes font preuve d'un incroyable humour, d'une si belle politesse du désespoir. Clara, 42 ans, boulimique-obèse (165 kilos pour 1,65 mètre) me le confirmait lors de sa première consultation : « Je ne peux pas tuer ma mère – elle est déjà morte – mais je lui en veux toujours ! Durant mes années d'enfance, à chaque repas, elle me répétait, pour m'aider à finir mon assiette : "Mange ma chérie, tu ne sais pas qui te mangera." Aujourd'hui, si je ne vide pas la pâtisserie de ma rue ou si je ne finis pas mes trois kilos de purée, je m'attends à voir sortir une horde de cannibales pour me plonger dans leur marmite ! Non seulement je n'ai toujours pas vu de cannibale sortir de sous mon lit, mais surtout, depuis quinze ans, à cause de ce surpoids, je n'ai pas vu un homme, un seul, se coucher près de moi sur ce lit. J'ai passé une petite annonce à la recherche des amoureux des baleines, mais à part un admirateur de la famille Cousteau, personne ne m'a répondu ! »

Clara était un vrai clown qui poussait la dérision à son extrême, tout en s'observant avec finesse. « Le pire, docteur, précisait-elle, est que je ne me vois pas grosse. Je me souviens de moi comme d'une enfant mince et mon esprit n'accepte toujours pas cette transformation monstrueuse. Me croirez-vous si je vous dis que lorsque j'entends un enfant hurler dans mon dos : "Maman, t'as vu la grosse dame !" je regarde autour de moi pour voir de qui il parle ? »

Clara ne souffrait pas seulement du regard méprisant des autres. Elle entendait sans cesse des reproches dans sa tête : ceux de sa mère, mais aussi les injures que son père, alcoolo-dépendant, leur adressait à toutes deux lors de ses abus de boisson ou lors de crises délirantes. Un père frappeur, caustique, qui les traitait de « grosse p... » et autres mots doux. Manger, manger avec excès avait été pour Clara la seule façon de fuir un peu cette voix injurieuse et de ne plus penser à ces scènes blessantes.

Pour perdre ses kilos, elle avait tenté la pause d'un anneau gastrique. En vain. Car, loin d'être stupide, Clara avait progressivement appris à préparer sa nourriture de façon à adapter le volume du bol alimentaire au diamètre de l'anneau. Ainsi pouvait-elle manger des heures durant. Elle avait fini par le faire retirer devant son insuccès mais aussi devant le risque de rupture digestive. Sa sexualité se limitait aux échanges sur le Net. Son intelligence et son humour lui assuraient un grand succès... virtuel, mais à chaque proposition de rendez-vous réel, elle rompait le lien et mangeait. Trois fois plus. Elle se précipitait ensuite sur les sites spécialisés, sur les traitements de la boulimie, en y retrouvant encore et toujours ce qu'elle avait maintes fois tenté sans le moindre succès : les antidépresseurs, dont le Prozac ou le Survector, aujourd'hui interdit, qui lui coupaient en effet l'appétit mais qui menaçaient, à chaque fois, de la rendre folle, tout en entraînant une acné faciale incroyable et une hépatite médicamenteuse.

Clara se retrouvait, hélas, sans solution. Aujourd'hui, les traitements évalués pour soigner la boulimie se limitent essentiellement aux antidépresseurs (ADP) et aux thérapies cognitives et comportementales (TCC). Ils restent d'une efficacité modeste. Trop modeste, voire bien décevante, avec une faible supériorité en comparaison d'une boulimie non traitée. Tout juste peut-on préciser que les TCC ne semblent pas à l'origine d'effets indésirables notables, au contraire des ADP qui peuvent entraîner des maux de tête, des tachycardies, des troubles du sommeil, des irritabilités avec hétéroagressivité, ainsi que des réactions maniaques et des idées suicidaires.

Ne rejetons pas tout de même ces méthodes qui, pour certaines patientes, et surtout pour certains médecins, ne se révèlent pas toujours inutiles. Cependant, apprenons à ne pas exiger de ces traitements ce qu'ils ne pourront jamais donner.

Pour traiter la boulimie, je privilégie une approche thérapeutique équivalente à celle que je pratique pour les addictions en général. Un médecin addictologue, un psychologue, un médecin nutritionniste et un animateur physique prennent en charge, tous ensemble, le traitement de la patiente. Bien souvent, il nous faut avant tout diagnostiquer s'il existe un trouble de l'humeur, de la pensée ou du sommeil, symptômes habituels dans les dépendances, et le corriger par des médicaments psychotropes adaptés afin que les efforts du médecin nutritionniste et de l'animateur physique deviennent enfin productifs et bénéfiques.

Une fois ces troubles corrigés, le poids stabilisé ou diminué selon les formes de boulimie, la psychothérapie classique peut apporter un soulagement durable. Mais là aussi, comme pour les autres addictions, ce suivi psychologique ne se révélera réellement salutaire qu'après un temps médicamenteux d'apaisement et de stabilisation. L'important à mes yeux reste d'expliquer au patient que sa boulimie relève de l'addiction et donc d'une maladie authentique et réversible. Ainsi apparaît un soulagement chez ces femmes qui, pendant des années, se sont torturées à coups de culpabilité ou d'appels inutiles à leur volonté.

Dans le cas des superobésités, certaines interventions esthétiques entrent dans le schéma thérapeutique, notamment l'ablation du tablier cutané abdominal quand la patiente a perdu entre 50 à 80 kilos. Ces formes de boulimie avec obésité ou superobésité bénéficieront vraisemblablement des prochaines découvertes pharmacologiques et de la mise sur le marché de nouveaux médicaments, au premier rang desquels l'Acomplia, nom commercial du rimonabant, qui vient d'obtenir l'agrément américain et son visa européen.

Si ce traitement original, bloqueur des récepteurs au cannabis, modificateur de la satiété, se révélait efficace, il ne nous apprendrait sans doute pas grand-chose sur les addictions boulimiques, mais aiderait ces personnes malades à guérir de leur maladie, à ne plus souffrir de cette « faim de bœuf », de cette folie alimentaire.

3

Grossesse et addictions : coupable... forcément coupable

La persistance des inégalités sociales et culturelles, les leçons de morale faciles et le manque criant de connaissances scientifiques entraînent un terrible retard de notre politique de soins sur la problématique grossesse/addiction.

« Je suis persuadé que bon nombre de maladies neurologiques, y compris celles qui s'expriment bien plus tard, naissent très tôt, et que la grossesse est une période clé, susceptible d'être affectée par de nombreuses molécules consommées par la mère. Il faut investir massivement dans des études sur cette période, car nos lacunes sont énormes. J'aimerais créer une fondation pour développer des recherches sur “maternité et cerveau”. Reste à trouver les aides nécessaires. »

Ces propos, dénonciateurs du retard scientifique mais aussi de notre coupable indifférence et de l'absence d'investissements qui en découle n'ont pas été prononcés au début du XIXe ou du XXe siècle, mais écrits par le docteur Yehezel Ben-Ari en décembre 2006, dans l'excellente revue *Sciences et Avenir*. Il est un de nos éminents neurophysiologistes, le fondateur d'un des plus grands centres de neurosciences de l'INSERM, l'Institut de neurobiologie de la Méditerranée, dédié à l'étude du développement cérébral et des pathologies de la plasticité du cerveau. Il serait donc urgent et sage de l'écouter.

« Notre maison brûle et nous regardons ailleurs. » Cette formule présidentielle sur l'état de notre planète frappe enfin les esprits et laisse augurer d'une prise de conscience de la détérioration écologique ; l'impérieuse nécessité de décider de mesures protectrices a fini par s'imposer.

Quelle phrase choc nous faut-il formuler pour ne plus brûler les cerveaux des fœtus et arrêter de se boucher le nez ? Comparée à notre indifférence sur ce problème, l'affaire du Distilbène – ce médicament donné sans crainte aux femmes enceintes et responsable de nombreuses et tragiques malformations –, dont nous ne faisons pourtant que réévaluer les conséquences tragiques au fil des décennies, n'est sans doute qu'une goutte d'eau dans l'océan de notre dangereuse ignorance.

Avant de parcourir cette problématique de la grossesse, addiction par addiction, voici trois exemples éclairants de notre méconnaissance et de notre coupable inaction à ce sujet :

Premier exemple : nous continuons de considérer le cerveau fœtal comme un petit cerveau adulte, un produit abouti en attente du jour de naissance pour s'éveiller. Comme s'il suffisait d'appuyer sur la touche *on/off* pour que le cerveau du nouveau-né se mette en marche. La réalité est tout autre. Le cerveau du fœtus, mieux connu depuis peu grâce aux techniques d'imagerie comme l'IRM fonctionnelle ou le Pet-scan, se caractérise, nous l'avons vu au début du livre, par un travail aussi extraordinaire que précis : des cellules souches prolifèrent, se différencient en neurones puis migrent vers leur localisation génétiquement programmée où elles établissent des connexions spécifiques. Or, il semble de plus en plus probable que de nombreuses maladies neurologiques, de l'épilepsie aux maladies neuropsychiatriques, résultent d'anomalies de la migration de ces cellules pendant la gestation.

Deuxième exemple : le syndrome d'alcoolisation fœtal est responsable en France de milliers d'avortements spontanés, de malformations ou de retards mentaux. Combien de temps nous faudra-t-il pour prévenir les femmes du risque de la consommation d'alcool pendant la grossesse ? Depuis plus de un an, une campagne : « Zéro alcool pendant la grossesse » a été lancée mais, à ce jour, nous hésitons encore à salir nos belles bouteilles en y apposant un pictogramme signalant ce risque ! Le texte [1] a été voté il y a presque deux ans et malgré cet enjeu de prévention son décret d'exécution ne sera appliqué qu'en octobre 2007. Certains politiques craindraient-ils pour leurs prochaines élections législatives et municipales ? Préfèrent-ils sauver des voix ou des vies ? À leur décharge il convient de préciser que leur formation à la dangerosité de l'alcool pendant la grossesse reste à faire.

Je comprends mieux pourquoi certains d'entre eux ont appelé à voter non au référendum sur la Constitution européenne ! Leur responsabilité aurait été bien grande vis-à-vis du règlement sanitaire européen, applicable depuis le 1er janvier 2005. Ce texte précise, en effet, que la responsabilité des politiques serait engagée pour « tout agent biologique ou denrée alimentaire », bref pour toute denrée préjudiciable – y compris l'alcool – qui serait laissée en circulation sans information ni prévention. Non seulement envers les personnes atteintes mais aussi leur descendance, et ce sur plusieurs générations !

Troisième exemple : il dérive directement de nos croyances ou de nos retards de connaissance sur le cerveau du fœtus, notamment en ce qui concerne la consommation banalisée, dans les pays industrialisés, des tranquillisants – tel le diazepam ou Valium – et du cannabis. Certains neurones du fœtus réagissent à l'inverse des neurones du cerveau adulte, particulièrement les neurones freinés ou accélérés par des neuromédiateurs comme le glutamate et le GABA – acide gamma-aminobutyrique. Le glutamate favorise, chez l'adulte, une excitation des neurones et le GABA, un ralentissement.

1. L'article L.3322-2 du Code de la santé publique impose sur toutes les bouteilles de vin et d'alcool un étiquetage préconisant la non-consommation d'alcool par les femmes enceintes.

Chez le fœtus, c'est le contraire ! Ainsi, une femme enceinte qui consomme un tranquillisant – c'est-à-dire une molécule capable de favoriser l'action du GABA – pour ralentir sa pensée et se désangoisser, va dans le même temps entraîner l'effet inverse chez son fœtus et exciter le cerveau de celui-ci.

Quant au cannabis, ses méfaits semblent beaucoup plus inquiétants que nous ne l'avions imaginé. Nous savons, aujourd'hui, que les récepteurs aux cannabinoïdes apparaissent très tôt au cours du développement. Par conséquent, si la femme enceinte fume cette substance, cela risque de nuire à la migration neuronale et à la construction cérébrale du fœtus. La dangerosité de l'alcool et du cannabis sur le développement harmonieux du cerveau fœtal est donc réelle, d'autant plus si la future mère consomme les deux substances en même temps, ce qui, hélas, devient de plus en plus fréquent !

Face à ces drogues si courantes dans notre pays, comme dans toute l'Europe, nous devons aujourd'hui conseiller l'abstinence pendant la grossesse, et non plus nous contenter de recommander une hypocrite modération. Pour obtenir un minimum d'efficacité, il ne suffit pas simplement de conseiller les femmes enceintes, toutes potentiellement « à risques », mais de les informer, de les respecter, de les aider, et non de les culpabiliser. Il nous faut, impérativement, leur offrir le plus tôt possible les moyens de mettre un terme à leur consommation et de se soigner en toute confiance.

Malheureusement, nous sommes bien loin de ces objectifs car l'alcool, le cannabis et les médicaments anxiolytiques restent banalisés et les femmes dépendantes trop stigmatisées. En effet, ces dernières sont généralement considérées par notre société comme des femmes indignes. Mais lorsqu'elles attendent un enfant, il n'existe pas de terme assez dur pour les qualifier ! Dans l'éternelle série de la madone et de la putain, le feuilleton grossesse chez la femme addicte remporte une triste palme : celle du pronostic de la plus mauvaise maman en perspective.

Notre société a trouvé pire que les prostituées en terme de déconsidération : la femme enceinte dépendante, la future mauvaise mère ! Comment faire confiance en de telles parturientes pour devenir de dignes et de responsables mamans, s'interrogent certains ? Le médecin, l'assistante sociale et la (future) grand-mère associent encore trop souvent leurs voix pour prononcer un verdict d'incapacité. Ils laissent la grossesse en sursis pour bien souvent arracher le bébé à sa mère, le plus rapidement possible après la naissance. Pourtant, les études médicales soulignent que, chez ces femmes – correctement traitées dans tous les sens du terme –, la grossesse constitue une voie privilégiée de sortie de leur dépendance. Les médicaments de substitution – méthadone et buprénorphine – ont d'ailleurs joué un rôle important, d'une part en faisant taire partiellement ces verdicts médico-socio-moralisateurs et, d'autre part, en permettant aux femmes héroïno-dépendantes de se sentir mères, de vraies mères, comme toutes les mères.

Pour la majorité d'entre elles, ces médicaments de substitution, associés à un travail en réseau mené autour de la grossesse, ont véritablement amélioré la situation obstétricale et pédiatrique. Malgré la connaissance des faits, encore aujourd'hui certains services de maternité jugent les femmes dépendantes comme des patientes ingérables, perturbatrices, incapables d'arriver à l'heure à une consultation, bref, comme de mauvaises mères et non comme des malades qu'il faut aider.

En retour, ces mêmes femmes considèrent aussi les maternités publiques comme des lieux où l'addiction est méprisée, où la dépendance n'est que très peu, ou pas, prise en compte lors des hospitalisations. Le faible soutien que ces femmes rencontrent auprès des professionnels de santé ne les encourage pas à consulter. Soumises à des sevrages brutaux, terrorisées à l'idée d'être séparées de leur bébé dès la naissance, rongées par les sentiments de honte et de culpabilité, elles fuient, en règle générale, les services médicaux et augmentent ainsi la dangerosité de ces grossesses à risques.

Alcool et grossesse

Dans le registre des substances psychoactives licites, accessibles à toutes et provoquant des ravages chez les fœtus et les bébés, citons en priorité l'alcool. Cette substance touche et maltraite, en France, entre 600 000 et 800 000 femmes. 5 % d'entre elles consomment au moins trois verres d'alcool en moyenne par jour durant leur grossesse, ce qui représente un danger réel et sérieux pour l'enfant à naître. En fait, même si la fréquence et la gravité des symptômes augmentent avec les quantités d'alcool absorbées par la mère, on ne connaît pas le seuil minimal de dangerosité pour sa progéniture. D'où le message d'alcool zéro adressé à la femme enceinte.

Il est, en effet, probable que la tolérance du fœtus à l'alcool soit extrêmement variable, à la fois pendant la grossesse et suivant les individus, sans que l'on soit aujourd'hui en mesure de préciser ces facteurs de sensibilité. Quoi qu'il en soit, les spécialistes estiment que le risque apparaît dès le premier verre, c'est pourquoi il est indispensable d'imposer une abstinence stricte. Répétons-le sans cesse : alcool zéro = risque zéro de complications liées à la boisson pour le futur nouveau-né.

Mes patients peuvent en témoigner, je ne préconise pas l'abstinence à tout prix comme règle de vie, sauf en début de sevrage et surtout pendant la grossesse. Pour le reste, je considère que ce principe appartient bien plus à la morale et à la religion qu'à la médecine.

Avant d'entrer dans les tristes détails des conséquences de la boisson alcoolisée sur les enfants de mères abusant d'alcool ou alcoolo-dépendantes, arrêtons-nous sur la manière dont la substance psychoactive se transmet de la maman à son fœtus.

L'alcool ingéré par la mère passe très rapidement dans son sang. La voie d'absorption de l'alcool la plus rapide est la muqueuse intestinale. Contrairement à ce qui est parfois énoncé, l'alcool n'est pas digéré par l'estomac ou l'intestin : il est absorbé. Une fois avalée, la boisson se diffuse dans tous les viscères, dont l'utérus. Le sang de la mère et celui de son bébé sont séparés par plusieurs couches fœtales qui agissent comme des filtres. Ces tissus filtrants permettent cependant le passage des molécules d'alcool dissoutes dans le sang. L'alcool traverse aisément la barrière placentaire et les concentrations d'éthanol dans le liquide amniotique atteignent alors des valeurs égales à celles mesurées dans le sang maternel. Mais ni la surface corporelle du fœtus, ni l'activité de son foie et encore moins celle de son cerveau ne sont comparables à celles de la mère. Si la morphologie féminine tolère un taux d'alcoolémie de 0,50 g/litre, il n'en est pas de même pour son fœtus qui baignera dans un sang alcoolisé tout comme s'il avait bu lui-même une bouteille de vodka. On ne le sait pas assez : l'alcool est la première cause non génétique de retard mental de l'enfant. Un dommage qui affecte plus de nouveau-nés en France que la trisomie 21 ou la grande prématurité.

Les effets délétères de l'alcool sur le fœtus sont maintenant bien connus. L'alcool est tératogène et neurotoxique, c'est-à-dire qu'il exerce un effet toxique sur les neurones pouvant entraîner des altérations du développement psychomoteur avec des troubles du comportement et un déficit intellectuel. Les risques de malformation sont majeurs au cours du premier trimestre de la grossesse. Aux deuxième et troisième trimestres, l'alcool poursuit ses sinistres ravages et peut être responsable d'un retard de croissance de l'enfant à la naissance ou d'un accouchement prématuré. Il entraîne cette pathologie encore peu connue des futures mamans : le syndrome d'alcoolisation fœtale ou SAF.

Le SAF est une intoxication alcoolique de l'embryon ou du fœtus due à la consommation d'alcool de la mère pendant la grossesse. En 1968, ce syndrome a été décrit pour la première fois par un pédiatre français, Paul Lemoine. Après avoir observé un certain nombre de nourrissons, il déclarait : « Sans savoir pourquoi, mon œil était attiré par certains bébés. Ils se ressemblaient tous, avaient un énorme retard de croissance et le même faciès. » Les publications princeps de ce médecin français, mais aussi celles d'une équipe anglaise dirigée par le docteur K. L. Jones, définirent ce syndrome des enfants ayant subi une exposition prénatale à l'alcool (EPA) comme l'association d'une dysmorphie, d'un retard de croissance intra-utérin, d'atteintes du système nerveux central (SNC) et de malformations d'organes.

Les éléments dysmorphiques typiques se manifestent par des fentes palpébrales étroites, une lèvre supérieure mince, un nez court ou retroussé, parfois un strabisme et un développement incomplet du maxillaire inférieur. Le retard de croissance intra-utérin est dit – comme seule la médecine est capable de le préciser – « harmonieux », c'est-à-dire qu'il touche à la fois la taille, le poids et le périmètre crânien. Enfin, les atteintes du système nerveux central sont variées, nous y reviendrons plus tard.

À cette trilogie – dysmorphie, retard de croissance, atteinte du SNC – s'ajoutent dans un tiers des cas des malformations d'organes. Elles peuvent consister en des malformations du cœur, du squelette – luxation des hanches, déformations thoraciques ou des os des avant-bras –, anomalies du nombre de doigts, des phalanges, des reins ou des téguments : hirsutisme ou implantation très basse des cheveux.

En France, l'ensemble des troubles causés par l'exposition prénatale à l'alcool pourrait, selon les régions et leurs habitudes d'alcoolisation, concerner de 0,3 à 1 % des naissances, c'est-à-dire 2 000 à 7 000 bébés chaque année. Le conditionnel s'impose car, même si on peut le déplorer, nous ne disposons pas d'étude épidémiologique nationale précise sur ce sujet tabou, encore moins sur le nombre d'avortements spontanés et de morts *intra utero* dus à l'EPA. La moitié des bébés vivants souffrirait du syndrome d'alcoolisation fœtale « typique », et l'autre moitié de troubles du développement mental et du comportement dérivés d'un SAF moins grave. Cela signifie que, si rien ne change, sur deux générations à venir, environ 300 000 Français souffriront à des degrés divers des séquelles de l'EPA avec des troubles mentaux plus ou moins sérieux ; réalité cher payée pour éviter de mettre un pictogramme sur nos bouteilles de vin et retarder la mise en place de services d'addictologie spécialisés en relation avec les maternités ! Voilà pourquoi l'alcool reste, en France, la première cause de retard mental non génétique.

Précisons désormais les diverses manifestations de retard mental induites par l'alcool sur le cerveau fœtal. En effet, à l'important retard de croissance – avec ses douloureuses conséquences sur l'image de soi dans la vie future – peuvent s'associer des troubles de la cognition, de la mémoire, du langage et de l'apprentissage, des déficiences intellectuelles ainsi que de fréquents accès d'agitation. De nombreux enfants souffrent également de troubles du comportement et rencontreront des difficultés majeures au cours de leur scolarité : déficience de l'attention et hyperactivité, problèmes de socialisation et de communication.

L'élément majeur du pronostic reste l'évolution neuropsychologique : 100 % des enfants gravement atteints du syndrome d'alcoolisation fœtale ont un QI inférieur à 75. Une étude de l'INSERM a d'ailleurs mis en évidence une diminution du quotient intellectuel chez tous les jeunes enfants dont les mères avaient consommé au moins deux à trois verres d'alcool par jour pendant leur grossesse.

Il n'existe aucun traitement spécifique permettant d'éviter les lésions du SAF. Ces drames personnels et familiaux peuvent être écartés en proscrivant totalement la consommation d'alcool pendant la grossesse. Il n'existe pas de véritable seuil inférieur de consommation. À noter également qu'une femme enceinte consommant de l'alcool occasionnellement mais de façon excessive – par exemple quatre ou cinq verres à l'occasion d'une fête – met également son enfant en danger. L'accès à la prévention et aux soins des femmes enceintes vulnérables à l'alcool doit être une priorité pour les professionnels de l'addictologie. Ces derniers, ainsi que les médecins du travail, les généralistes, les obstétriciens, les sages-femmes, les pharmaciens et les pédiatres, doivent jouer un rôle majeur à la fois dans le dépistage et l'orientation de ces femmes. Certains soulignant la difficulté de cette démarche en raison du déni de l'alcoolisme féminin – déni qui serait encore plus élevé que chez l'homme –, de la délicatesse du dépistage, et de la peur de heurter la femme enceinte par des questions déplacées sur sa consommation d'alcool. Le constat d'un SAF à la naissance et la triste évidence du « trop tard pour agir » ne risquent-ils pas d'être bien plus délicats, bien plus déplacés ?

Pour éviter cette non-assistance à femme et futur bébé en danger, des grilles ou échelles standardisées de dépistage sont proposées. De plus, des examens de sang témoignant d'importantes alcoolisations en cours chez la femme enceinte peuvent apporter une aide au repérage clinique.

Cependant, ces mêmes examens passent à côté des consommations modérées qui, répétons-le encore et toujours, peuvent être dangereuses, elles aussi, pour le développement du fœtus.

L'arrêt total de la consommation de boissons alcoolisées est recommandé chez la femme enceinte à tout moment de la grossesse. Cela doit devenir un leitmotiv pour les proches de la future maman, puis pour les médecins en obstétrique et en addictologie. Notre système de soins doit en faire une priorité, se donner les moyens médicaux et humains d'aider efficacement ces femmes et d'accompagner leur grossesse à risques jusqu'à la naissance.

Tabac et grossesse

En l'an 2000, 28 % des femmes enceintes continuaient de fumer pendant leur grossesse – contre 10 % en 1972 – et ce, sans qu'elles n'évaluent les véritables dangers qu'entraîne cette drogue pour leurs fœtus et pour elles-mêmes. La progression du tabagisme chez la femme fait redouter que la mortalité féminine ne soit multipliée par dix dans les prochaines décennies. Le problème grossesse/tabac, multiplié par trois en trente ans, ne se résume pas seulement aux risques pendant la grossesse mais aussi après la naissance. Il ne faut pas éluder le décès potentiel de la mère, à l'âge où l'enfant a le plus besoin d'elle. Tout comme le VIH/sida dans les pays en voie de développement, grand responsable de futurs orphelins, le tabac, s'il laisse en vie le nouveau-né, ne promet nullement d'épargner la mère ultérieurement. En effet, le tabagisme augmente le risque de grossesse extra-utérine qui reste la première cause de mortalité maternelle dans les trois premiers mois de la grossesse.

Il faut savoir que la nicotine et le monoxyde de carbone s'infiltrent dans le sang de la mère tabaco-dépendante, puis passent à travers le placenta, agissant sur le rythme cardiaque du fœtus et sur l'apport d'oxygène. Cinq minutes après inhalation de la fumée d'une cigarette, le nombre de mouvements du fœtus est diminué pendant une heure, une heure et demie, en raison du manque d'oxygène induit par le monoxyde de carbone.

Par conséquent, de nombreuses morts fœtales pendant les deuxième et troisième trimestres de la grossesse sont à déplorer. Ce risque est réduit avec un arrêt total du tabac au premier trimestre et devient alors similaire à celui des non-fumeuses.

Si le fœtus échappe à ce premier danger de mort fœtale, les risques de mort subite du nourrisson sont de 2,5 à 4 fois plus élevés chez la mère fumeuse. Ils s'accroissent avec le nombre de cigarettes consommées par la mère et le nombre de fumeurs dans la maison. De plus, la croissance du bébé peut être perturbée. Il existe également des risques de fausse couche, de naissance avant terme, de rupture prématurée de membranes, de retard de croissance intra-utérine et un danger d'hypertrophie faciale multiplié par deux avec un poids moyen néonatal diminué de 200 grammes.

Par ailleurs, le tabagisme réduit de plus de 40 % les chances de réussite d'une procréation médicalement assistée.

Cette substance peut entraîner des conséquences tératogènes, des risques de malformations avec, notamment, l'apparition de becs-de-lièvre. De plus, comme la fumée du tabac nuit aux fonctions pulmonaires, les bébés exposés sont davantage sujets à la toux, à la bronchite et même à la pneumonie. Le tabagisme passif de la mère provoquerait même certains cancers chez les enfants ou les adolescents.

Au cours de l'allaitement, si les bébés de mères fumeuses absorbent de la nicotine, cela peut les rendre irritables et entraîner une perturbation de leur sommeil, de même que des pleurs et des vomissements après l'allaitement.

Si les mères qui allaitent ne peuvent s'empêcher de fumer, elles doivent, au moins, réduire les risques en allaitant à distance de la dernière cigarette et épargner le tabagisme passif au nouveau-né ou au bébé.

Tous ces dangers démontrent que l'arrêt de la consommation de tabac en prévision et/ou au long d'une grossesse est une priorité absolue.

Pour éviter les risques encourus, l'arrêt total du tabac doit intervenir de préférence avant la conception.

Dans de telles circonstances, la prise en charge d'une future maman fumeuse doit être établie dans le respect de la femme et, comme pour l'alcool, sans jamais la culpabiliser. Quel que soit le motif de consultation et après un entretien minimal sur les risques du tabac, la mesure du CO (monoxyde de carbone) dans l'air expiré doit être systématiquement proposée à toute femme enceinte. Elle permet de quantifier l'intoxication active ou le tabagisme passif. Elle favorise souvent la décision d'arrêt et encourage le sevrage en visualisant l'amélioration des chiffres mesurés et leur éventuelle normalisation. Cette mesure peut avoir lieu aussi bien en médecine de ville qu'en médecine du travail et, bien sûr, en médecine hospitalière. Cela pourrait être un magnifique chantier pour la médecine du travail, car, si les femmes fument de plus en plus, hélas, elles travaillent aussi de plus en plus !

Pour les docteurs Michel Delcroix et Conchita Gomez, la démarche à suivre pourrait se résumer à la règle des 6 A :

Account : mesurer le taux de CO.
Ask : interroger sur la consommation de tabac.
Advise : conseiller l'arrêt.
Assess : confirmer la motivation d'arrêt.
Assist : aider à arrêter.
Arrange : organiser le suivi.

Les approches psychologiques et comportementales trouvent aussi leur place aux différentes étapes de la grossesse. Elles demeurent, pour l'instant, réservées aux spécialistes : psychiatres, psychologues ou psychothérapeutes, mais devraient être également à la portée des sages-femmes et des personnels médicaux de périnatalité.

Si les thérapies se révèlent insuffisantes ou si la future mère les refuse, le recours aux traitements de substitution nicotinique (TSN) – patchs ou gommes – devient urgent. L'absorption nicotinique sous TSN est deux à trois fois moins élevée que celle liée au tabagisme et les TSN sont autorisés chez la femme enceinte depuis octobre 1997.

La posologie de ces TSN peut être établie à partir du taux de CO expiré et détermine ainsi le degré de dépendance. Pour des dépendances moyennes ou fortes, il est conseillé d'associer des formes orales – chewing-gum ou Nicorette – aux timbres transdermiques ; cependant, il est préférable d'administrer à la femme enceinte les patchs « seize heures » plutôt que les « vingt-quatre heures » afin d'éviter la substitution pendant le sommeil.

Les médicaments contribuant à l'arrêt du tabac sont en revanche fortement déconseillés pendant la grossesse, surtout aux premier et troisième trimestres.

Comme le souligne le plan national « grossesse et tabac » de 2004, il convient donc d'apporter une réponse de proximité aux femmes enceintes fumeuses et à leurs compagnons, en créant des lieux de consultation multidisciplinaires d'aide à l'arrêt du tabac. Elles pourront ainsi rencontrer un tabacologue, une diététicienne et un psychologue. Et tout cela gratuitement.

Héroïne et grossesse

Les femmes dépendantes aux substances psychoactives illicites représentent environ un quart de la population suivie en France dans les centres de soins spécialisés et 15 à 20 % des effectifs de patients suivis en ville pour un traitement à la buprénorphine – générique ou Subutex. La grande majorité d'entre elles est en âge de procréer. Entre 500 et 2 500 grossesses sont menées à terme chaque année par des mères dépendantes aux substances illicites. Ces grossesses sont souvent repérées tardivement, tant l'activité sexuelle se trouve noyée dans les conduites de consommation. De plus, l'absence très fréquente de règles due essentiellement à la consommation d'héroïne, les troubles physiques comme les nausées, les vomissements ou la constipation liés parfois à la prise de drogues contribuent à brouiller les pistes et à retarder le diagnostic de grossesse.

La consommation de substances psychoactives, telle l'héroïne, perturbe fortement le déroulement de la grossesse, l'évolution du fœtus et le développement psychomoteur de l'enfant. Toutefois, la drogue principale ne constitue pas le seul élément dangereux. D'autres facteurs interviennent, notamment la polyconsommation – tabac, alcool, cannabis, médicaments psychotropes –, le manque de suivi médical et psychologique, la vie précaire, les conflits familiaux, conjugaux et le faible soutien environnemental. Il s'agit, dans tous les cas, de grossesses à très hauts risques : durant les neuf mois, lors de l'accouchement et de la période néonatale, mais aussi pour le devenir de l'enfant.

N'oublions pas également que l'annonce d'une maternité entraîne de nombreux bouleversements pour certaines futures mamans qui voient en leur bébé à naître un signe de renouveau et d'espoir ; la possibilité d'une « réparation » de leur propre vie. Mais l'arrivée d'un enfant risque tout autant de réactualiser une angoisse d'abandon liée à une histoire familiale souvent très difficile ou de faire émerger des psychopathologies telle la schizophrénie.

Actuellement, la plupart des spécialistes pensent que les conséquences à long terme sur l'évolution neurologique et psychologique des enfants nés de mères héroïnomanes restent davantage en rapport avec l'environnement qu'avec une éventuelle action directe de cette drogue pendant la vie fœtale. Cette considération est renforcée par le suivi et la bonne évolution des bébés nés de mères correctement traitées avec de la méthadone pendant leur grossesse. À tel point que l'on entend parfois, au sein de milieux obstétricaux spécialisés dans ce type d'accompagnement : « La méthadone fait de beaux bébés ! » Je peux avec émotion en attester car, en douze ans, j'ai vu naître chez mes patientes héroïno-dépendantes quinze « petits bouts » plus réussis et plus mignons les uns que les autres.

Cependant, de nombreux praticiens, surtout d'origine nord-américaine, insistent sur l'importance des risques de maltraitance, d'abus sexuels, de négligence ou d'abandon chez les nouveau-nés de mères dépendantes. Il nous faut le répéter, au pays de tous les vignobles, c'est surtout le cas lorsqu'il existe une intoxication alcoolique associée ou des conditions de vie précaires dans un environnement violent. Cependant, comme le déclare très justement le docteur Jean Vignau, « les taux alarmants de maltraitance et d'abus constatés dans les études américaines en cas de pratiques toxicomaniaques parentales ne correspondent ni à l'expérience des équipes sanitaires et sociales françaises, ni aux données publiées en Europe ».

Quant aux effets de l'héroïne sur le fœtus, que savons-nous réellement ? Ils ne sont pas tératogènes, c'est-à-dire toxiques pour les neurones. La fréquence des fausses couches est difficile à évaluer en raison du diagnostic tardif de grossesse et des nombreux avortements spontanés sans intervention médicale ; cependant, la majorité des études montre une augmentation de 15 à 30 % des problèmes obstétriques. Les complications de la grossesse sont dominées par la prématurité. L'augmentation des accouchements prématurés s'explique non seulement par l'hypercontractilité utérine en période de manque, mais aussi par le mode de vie de ces mères, leurs problèmes sociaux, leurs infections éventuelles et leur manque de suivi médical. Le retard de croissance intra-utérin est fréquent. La polyintoxication – alcool, tabac, cocaïne... – peut expliquer ces faibles poids à la naissance. L'héroïne exerce, par ailleurs, une action directe sur la croissance et la multiplication cellulaires. L'accouchement des héroïnomanes se déroule, en général, de manière spontanée, rapide – la durée du travail est diminuée – et se termine le plus souvent par voie basse.

Les femmes consommatrices ne ressentent pas les contractions utérines – car l'héroïne est un puissant analgésique – et arrivent à la maternité avec une dilatation bien avancée du col de l'utérus. Le syndrome de sevrage peut commencer *in utero*. Habituellement, il débute dans les quatre premiers jours de vie, mais il a été décrit jusqu'à trois semaines après la naissance : il subsiste chez 60 à 90 % des nouveau-nés de mères addictes. Il varie selon l'intensité de la dépendance, la nature des substances opiacées ou des traitements de substitution – opium, héroïne, morphine, méthadone et buprénorphine – et les co-consommations – cocaïne, alcool, tabac et tranquillisants. Il se manifeste par un ensemble de signes non spécifiques avec trois pôles principaux : neurologique, digestif et une hyperactivité du système dit « sympathique ou neuro-végétatif ».

Étant donné que l'héroïne passe à faibles doses dans le lait, nous pouvions affirmer, il y a plus de dix ans, que l'allaitement sous l'effet de cette substance n'était pas contre-indiqué si la patiente « consommait avec modération », si son statut sérologique le permettait – VIH négatif – et si elle n'usait pas d'autres substances comme la cocaïne, par exemple. L'allaitement facilitait, pensait-on, le sevrage d'héroïne chez le nouveau-né. Aujourd'hui la question de l'allaitement ne se pose plus de la même manière, puisque l'addiction à l'héroïne se soigne aisément par des traitements de substitution. Leur apparition a en effet bouleversé et radicalement modifié dans un sens favorable le pronostic de ces situations. Rappelons, une fois encore, cet aphorisme : « La méthadone fait de beaux bébés ! »

Cocaïne et grossesse

Au contraire de l'héroïne, la cocaïne dégage une forte toxicité pharmacologique au cours de la grossesse. L'augmentation de la fréquence des fausses couches, les menaces d'accouchements prématurés, les risques d'hématomes rétroplacentaires et les complications cardiovasculaires à l'accouchement s'ajoutent aux menaces de souffrance fœtale et d'infarctus cérébraux en cas de consommation de la cocaïne sous forme de crack. De plus, l'augmentation du nombre de morts subites du nourrisson fait de la cocaïne l'une des substances psychoactives les plus dangereuses – avec l'alcool et les amphétamines – pour la femme enceinte.

En effet, la cocaïne traverse rapidement le placenta et produit les mêmes effets pharmacologiques sur le fœtus que sur la mère. La recherche a montré que l'exposition prénatale à la cocaïne entraînait un faible poids, une taille et des périmètres crâniens insuffisants à la naissance, des troubles du sommeil et des problèmes de comportement à long terme. De récentes études ont prouvé que les fœtus de mère cocaïno-dépendantes deviennent, plus tard, des enfants impulsifs, présentant de piètres capacités motrices et des retards de développement du langage. Ces enfants sont plus difficiles à stimuler, plus difficiles à contrôler, d'où, selon nos collègues américains, une grande difficulté d'adaptation, notamment dans le milieu scolaire. Cependant, les chercheurs ne souscrivent pas tous à l'idée selon laquelle la cocaïne est la principale cause des problèmes d'évolution chez les enfants exposés dans l'utérus. Nous savons que les femmes enceintes dépendantes de cette drogue font aussi usage d'autres substances. Les méfaits observés chez les nouveau-nés peuvent donc être attribués à la consommation d'alcool ou de tranquillisants, ainsi qu'à d'autres facteurs comme des soins prénataux inadéquats, une mauvaise alimentation de la mère, un piètre état de santé de celle-ci ou un mode de vie peu adapté.

Cannabis et grossesse

Le cannabis est la drogue illicite la plus utilisée chez les adolescents, les jeunes adultes et la femme enceinte. Selon certaines études américaines, 10 à 30 % des jeunes femmes enceintes consomment du cannabis. L'INSERM soulignait en 2001 dans son expertise sur le cannabis[1] que ces chiffres demeuraient inconnus en France. Pour l'instant une seule certitude, ce pourcentage inconnu est susceptible de s'accroître dans la mesure où de plus en plus de jeunes femmes fument cette substance dans notre pays.

Les études – essentiellement anglo-saxonnes – relatives aux méfaits du cannabis pendant la grossesse sont nombreuses. Elles se révèlent confuses et difficiles à interpréter pour plusieurs raisons : d'une part, il semble complexe de faire la part des choses, sachant que le cannabis est très souvent associé par la consommatrice au tabac, à l'alcool, aux médicaments, voire à d'autres substances psychoactives illicites. D'autre part, le statut socio-économique de ces femmes ainsi que leur âge, la durée et l'in-

1. « Cannabis : quels effets sur le comportement et la santé ? », expertise collective INSERM réalisée à la demande de la MILDT, Éditions INSERM, 2001.

tensité de leur consommation durant la grossesse ne sont pas suffisamment pris en considération. De même que les différences génétiques et sociales d'une population à l'autre.

Après la lecture de quelques études imprudentes et péremptoires, certains politiques ont affirmé que le cannabis entraînait des hypotrophies, de mauvais positionnements du placenta, des accouchements plus difficiles. Cela n'est en aucun cas prouvé, notamment à cause du tabagisme associé. Cependant, ne minimisons pas les dangers. Ce n'est pas parce qu'une affirmation est fausse que son contraire est vrai : le cannabis ne peut être considéré comme bon pour la santé du fœtus et du nouveau-né !

Cette substance et l'un de ses principes actifs essentiels, le delta-9-THC, passent la barrière placentaire et les concentrations sanguines fœtales sont au moins égales à celles de la mère. Elle ne génère pas d'effet tératogène et n'augmente pas la mortalité ni la morbidité périnatales, soit durant la période qui s'étend de la vingt-huitième semaine de la grossesse jusqu'au huitième jour suivant la naissance. Jusqu'à présent, aucun effet n'a été démontré sur l'incidence des malformations congénitales ni sur la prématurité. Si la consommation de cannabis est à l'origine d'un retard de croissance et de troubles du comportement, c'est vraisemblablement parce qu'elle est, là aussi, très souvent associée à celle de tabac et/ou d'alcool.

En revanche, certaines données épidémiologiques et cliniques se révèlent plus inquiétantes pour ce qui est du devenir à long terme des enfants exposés *in utero* au cannabis. Des troubles du comportement, de la mémoire, de la concentration, des fonctions cognitives et des émotions pourraient êtres liés à son action sur le cerveau humain.

Aujourd'hui, ces effets apparaissent possibles, pour ne pas dire probables. Une meilleure connaissance du fonctionnement du cerveau fœtal souligne l'importance et la précocité de développement du système cannabinoïde cérébral. Comme il a été évoqué précédemment, les récepteurs aux cannabinoïdes apparaissent très tôt au cours du développement. De ce fait, si la femme enceinte fume du cannabis, elle risque de provoquer un fort ralentissement de l'activité cérébrale de son futur bébé. Cette crainte, davantage que les affirmations dramatisantes et erronées que nous avons parfois entendues, justifie de considérer en pratique ces grossesses comme des grossesses à risques. Elles doivent être suivies attentivement par une équipe pluridisciplinaire spécialisée. L'évolution du nouveau-né, puis de l'enfant, devra être étudiée avec vigilance.

En attendant, principe de précaution oblige, nous ne pouvons que déconseiller de fumer du cannabis – et bien sûr du tabac – pendant toute la grossesse.

Pour la femme enceinte comme pour les adolescents, répétons-le, c'est assez ! : « CTAC ! » Cet acronyme, que j'emploie souvent en conférence pour une prévention globale des addictions, reprend les initiales de cannabis, tabac, alcool et cocaïne. Seule 1 femme enceinte sur 10 connaît les risques de ces substances sur sa grossesse et la santé de son futur enfant.

Cependant, rappelons encore une fois cette urgence absolue qui vise tout particulièrement les consommations d'alcool : la sous-information concernant la dangerosité de cette substance pour le fœtus est indigne d'un pays républicain qui se dit soucieux de protéger sa jeunesse !

Saluons tout de même le système français qui, à l'inverse d'autres pays, prend en charge automatiquement et à 100 % les coûts de la grossesse – surveillance clinique et échographique –, les médicaments prescrits si nécessaire et l'accouchement dans les services publics.

II

FEMMES ET DROGUES

1

Alcool : du rouge aux lèvres

Mars 2005 : je donne une conférence dans l'Hérault, province où l'on apprend en souriant que le mot « ivrogne » est l'anagramme, en vieux français, de « vigneron ». Quelques heures avant mon intervention, je décide de m'arrêter entre Béziers et Capestang pour déjeuner. La patronne du restaurant m'accueille chaleureusement. J'aperçois derrière elle, accrochées au mur, des photos datant des années 1900. À la sortie de la messe, en haut des marches de l'église, hommes, femmes et enfants, en noir et blanc, sourient gravement à l'objectif. Quelques clichés plus loin, les femmes ont disparu tandis que les mêmes hommes, cravatés de noir, attablés au café, se laissent à nouveau photographier. Les regards sont devenus plus flous, les mines moins rigides.

L'alcool est mâle.

Au début du XXe siècle, la bienséance interdisait aux femmes alcool et cigarette. Les citoyennes « de troisième ordre », les filles des rues ou des maisons closes, perdues pour perdues, s'arrogeaient le droit de boire et de fumer. Certaines intellectuelles aussi, artistes, demi-mondaines et autres marginales.

Depuis la nuit des temps, la fête, les abus et les dépendances ne s'adressaient qu'à la gent masculine. Avant de se marier, l'honnête homme devait se payer du bon temps... et la femme respectable arriver vierge de tout vice, parée de blanc et de fleurs d'oranger. Oui, longtemps les drogues ont caractérisé la mâle attitude. Même la révolution pacifique de Mai 1968 ne parvint pas à modifier les représentations classiques du drogué : le junkie à l'héroïne, proche de l'overdose, était presque exclusivement associé à l'homme à cheveux longs, seringue au pli du coude, mais homme tout de même... Pourtant, le premier décès par surdose à l'héroïne toucha, en 1969, une adolescente de 19 ans, retrouvée morte sur une plage du sud de la France.

En fait, il fallut attendre le couplage, en deux temps, de deux phénomènes pour voir les femmes s'adonner aux drogues : d'une part le mouvement féministe, notamment le MLF en France, et d'autre part – pour bien d'autres objectifs – le lobbying commercial exercé par les industries internationales du tabac, de l'alcool et du jeu. Ces entreprises partirent à la conquête des femmes comme des adolescents pour s'ouvrir de nouveaux marchés. Deux ouvrages, *Moi, Christiane F., 13 ans, droguée, prostituée...* et *L'Herbe bleue* (journal d'une jeune fille de 15 ans qui sombra dans la drogue et qui cessa d'écrire trois semaines avant sa mort) provoquèrent un troisième élan. Combien de patientes, subjuguées par la destinée de Christiane F., m'ont-elles avoué vingt ans plus tard que le début de leur consommation datait de ces lectures... Une fascination tout aussi attractive que morbide.

Depuis, l'alcool s'est démocratisé avec, toutefois, une tendance au « raffinement » en ce qui concerne le choix féminin des boissons : vin blanc plutôt que rouge, champagne plutôt que whisky, porto bien plus que pastis... La bière, emblème durant de longues années de l'Américain de base avec ses canettes et sa pizza devant le *Super Bowl*, se féminise progressivement. La vodka et la tequila, quant à elles, suivent actuellement le même chemin transgenre que la bière chez les jeunes femmes *night-clubbing*.

Aujourd'hui, beaucoup pensent que l'alcool au féminin a évolué avec la libération de la femme. En apparence seulement. Un chiffre, un seul, pour décrire la persistance de l'inégalité des genres : 92 % des femmes alcoolo-dépendantes boivent en cachette et 42 % refusent d'en parler. Un mot, un seul, pour expliquer ce chiffre : la honte ! Oui, les femmes éprouvent de la honte, bien plus que les hommes, face à leur dépendance. Qu'elles consomment pour faire la fête ou oublier un chagrin, sur une toile cirée ou dans un palace, l'abus d'alcool demeure indigne et dégradant pour une femme.

Dans notre société, une alcoolo-dépendante perd son identité de femme. Elle devient une poivrote ou une « pochtronne » comme disaient méchamment nos grands-mères. Elle perd toute considération en tant qu'épouse car elle n'incarne plus « la petite fée du logis » capable d'apporter, à tout moment, sérénité et confort. Elle n'est plus en mesure de tenir son rôle de mère puisque incapable d'assumer sa responsabilité maternelle. La double image d'Épinal s'effondre pour faire de ces femmes des parias de la société. Cependant, si autrefois les personnages féminins de Zola rassuraient toutes celles qui ne leur ressemblaient pas, aujourd'hui nous assistons à une recrudescence de l'alcoolisme dit « mondain » ou « d'affaires ». Hélas, que les femmes boivent du vin, du champagne ou de la piquette, les cirrhoses du foie et les atteintes neurologiques restent les mêmes. La honte, la culpabilité, la peur de perdre leur mari ou la garde de leurs enfants ne poussent même pas ces femmes – quelles qu'elles soient – à demander de l'aide. D'où l'impossibilité d'établir des statistiques fiables, ce qui entraîne une probable sous-estimation de l'alcoolisme féminin.

En France, 4,1 % des femmes – tous âges confondus – auraient couru un risque de dépendance, environ trois fois moins que les hommes (13,3 %). Aujourd'hui, 1 femme pour 4 hommes rencontre des difficultés avec l'alcool contre 1 pour 12 en 1960. Une augmentation telle qu'on parlera bientôt de « parité éthylique ».

Oui, les femmes boivent de plus en plus, mais toujours en cachette, car, comme nous l'avons déjà signalé, elles « risquent gros », à l'inverse de l'homme qui lui ne se sentira jamais menacé de perdre socialement son rang viril en affichant son penchant ou sa dépendance à l'alcool. De nombreux livres ou articles, toujours écrits par des hommes bien plus fiers de leur recherche hédoniste, épicurienne ou philosophique que des cadavres de bouteilles cachés sous leur lit, en attestent encore. Il suffit de feuilleter *L'Éloge de l'ivresse* de Georges Picard ou encore de lire la dernière page estivale d'un quotidien parisien pour y trouver de lumineuses pensées sur la « quête spiritueuse ».

En revanche, quand une femme ose évoquer son alcoolisme, elle doit le faire avec humilité et un désir sincère de rédemption. D'ailleurs, nous les comptons sur les doigts d'une main celles qui ont su trouver les mots et le courage de faire ce douloureux *coming out*. Rendons hommage ici à Laure Charpentier[1], présidente de l'Association SOS Alcool femmes, ou encore à l'une de nos merveilleuses chanteuses françaises prônant le miracle d'une rencontre amoureuse, qui ont cherché à réhabiliter la femme perdue, à la sortir de l'indignité de l'abîme éthylique.

Nous sommes bien loin de l'admiration paradoxale que suscitaient les égéries des rock stars des années 60 : la Marianne Faithfull de Mick Jagger ou encore Zouzou, la twisteuse de Brian Jones... En fait, ces re-belles, qui ne faisaient qu'enchaîner les défonces poudrées et les apparitions aux côtés des idoles du moment, n'ont pas fondamentalement réussi à changer l'image de la femme face aux drogues.

Si jadis la femme n'avait pas droit à l'alcool, aujourd'hui elle n'a pas droit à la maladie alcoolique ; juste à la culpabilité, à la honte, au mensonge et à la solitude pour rester un être socialement acceptable. Je pensais que cela changerait avec la nouvelle génération, celle des héritières des mouvements féministes, et avec l'omniprésence de la pornographie, mais à travers mes consultations et mes rencontres personnelles je me suis rendu

1. Laure CHARPENTIER, *Toute honte bue. L'alcoolisme au féminin*, Grancher, 2006.

compte que rien n'avait évolué. Certes, nous tolérons l'usage et même l'abus d'alcool, à condition que cela reste contrôlé... mais la dépendance, elle, avance toujours masquée.

À ce sujet, je me souviens de Diana, l'épouse d'un ami avocat parisien. À 28 ans, cette jeune femme vivait pleinement les avantages de son physique, de sa jeunesse et du quotidien aisé et mondain que lui conférait la situation de son mari. Un été, nous avons partagé quelques jours de vacances dans une île qu'ils fréquentaient, en toutes saisons, depuis des années. Une communauté d'outre-mer (une COM d'aujourd'hui) où tout est plus cher qu'à Paris, New York ou Tokyo... sauf l'alcool et le tabac ! Dans les petits supermarchés, le paquet de cigarettes s'achète à 1 euro et la bouteille de vodka à 5 euros ! Le soir, dans les restaurants de cette île, les vins de qualité succèdent aux cocktails locaux et précèdent les petits verres de rhum de fin de repas. Diana buvait avec allégresse. Puis elle nous entraînait généralement en discothèque pour finir la nuit, précisant ostensiblement qu'elle emportait une bouteille d'eau pour ne pas toucher aux alcools, notamment à la vodka et au champagne proposés à volonté. Pourtant, chaque soir, elle disparaissait de la piste. Un jour, je décidai de la suivre et assistai au « manège ». Elle se rendait au bar du night-club et, sans même avoir à le demander, se voyait servir discrètement, par le barman complice, un verre de vodka...

Nombreuses sont les femmes qui se cachent, qui dissimulent la bouteille à côté du réfrigérateur ou dans la salle de bains. Les hommes agissent aussi de la sorte, mais seulement quand leur conjointe décide de leur déclarer la guerre. Car là encore, rien ne change. Dans la plupart des couples, quand l'un boit exagérément et l'autre pas, les attaques, les menaces et les reproches fusent. À aucun moment ils ne pensent à l'éventualité d'une maladie. L'escalade des scènes violentes devient aussi inéluctable que les dommages collatéraux : le partenaire se cache et ment de plus en plus, les stratégies de consommation tournent au vaudeville régressif, le fossé de la méfiance se creuse et la trahison rime trop souvent avec occultation.

Pourtant la consultation médicale s'impose et le plus tôt possible. Nous l'avons répété à plusieurs reprises, plus nous posons rapidement un diagnostic, plus la maladie bénéficie d'un traitement précoce et donc d'un pronostic favorable. Cela se vérifie dans tous les cas. Les menaces de troubles graves demeurent réelles sachant que les femmes se révèlent biologiquement plus vulnérables aux atteintes physiques et psychiques provoquées par l'alcool que les hommes.

À âge et poids égal, l'alcoolémie de la femme reste supérieure à celle de l'homme en raison du corps de celle-ci – le taux d'alcool grimpe d'autant plus rapidement que la personne est mince et petite – et de son métabolisme : un foie plus petit et un système hépatique enzymatique moins performant. D'autre part, et pour les mêmes raisons, les effets de l'alcool s'éliminent plus lentement. Il résulte donc de ces deux phénomènes une moindre tolérance des femmes à l'alcool.

Ainsi, à consommation égale, non seulement la sensation d'ébriété et les modifications de la conscience, de la pensée et de l'humeur s'observent plus fortement chez la femme que chez l'homme, mais aussi et surtout les conséquences de la maladie alcoolique s'installent plus rapidement. Pas seulement les stigmates des abus chroniques – comme la couperose faciale et le fameux nez rouge – mais aussi l'évolution de certaines maladies.

Chez la femme, la cirrhose apparaît plus fréquemment entre 40 et 45 ans, au lieu de 50-55 ans chez l'homme. De plus, pour certains spécialistes, cette affection surviendrait avec des doses considérées comme moyennes en France (!) – autour de 50 grammes d'alcool par jour – au lieu de 120 à 130 grammes chez l'homme. De même, les hépatites alcooliques – lésions du foie – et les complications neurologiques, dont les polynévrites, – atteinte des nerfs des membres inférieurs et parfois supérieurs – demeurent plus fréquentes chez les femmes. Un abus d'alcool augmente également le risque de cancer du sein et peut devenir source de stérilité chez la femme. En revanche, les pancréatites alcooliques – inflammation aiguë ou chronique du pancréas – touchent davantage les hommes.

Notons enfin que la période postovulatoire – les dix à quatorze jours précédant les règles – favorise l'augmentation des consommations alcooliques. Tout comme la ménopause qui se révèle une période particulièrement sensible – autant que l'adolescence, c'est dire ! – associant souvent une exagération des abus de boissons. N'y voyons pas là un discours hygiéniste répressif, et encore moins sexiste ; je ne décris, hélas, qu'une triste réalité que peu de gens soupçonnent.

Et que dire de la grossesse et du risque de syndrome fœtal quand la future mère boit, régulièrement ou pas, plus de deux verres d'alcool, oui seulement deux petits verres de vin ou de champagne, sans savoir qu'elle met son futur enfant en danger de malformations et de retard mental !

Cette dangerosité de l'alcool, cette rapidité de l'installation de la dépendance chez les femmes continuent d'être incroyablement sous-estimées dans notre pays. Or le chemin de l'usage à l'abus répété et quotidien n'a, malheureusement, nul besoin de passer par des sommets ou des circonstances extraordinaires pour mener à la dépendance et à ses lourdes conséquences.

Ainsi, nous ne comptons plus ces patientes qui, en consultation, nous racontent leur trajectoire de vie, aussi banale que toxique. Pour peu qu'on prenne la peine de les écouter, les femmes alcoolo-dépendantes avouent une anxiété latente, une pénible sensation d'échec et cette peur constante de ne jamais être à la hauteur de ce que la société attend d'elles.

Elles ont peur de leur mari, de leurs enfants, de leur patron, du travail et du chômage, de la solitude... Peur d'avoir peur. Souvent incomprises, 65 % d'entre elles tombent en dépression et 46 % accusent, en plus, une dépendance au tabac et aux médicaments.

Chez les plus âgées, l'alcool s'installe pour combler le vide laissé par le départ des enfants ou pour affronter le tête-à-tête avec leur compagnon.

Les femmes actives aux prises avec le stress professionnel, les responsabilités ou les repas d'affaires boivent le soir pour se détendre après une journée de surmenage.

Certaines commencent à boire dès le matin pour se donner du courage et pour chasser la peur de la journée à vivre, fuir la solitude et les années qui passent. Ce dopage au quotidien apparaît d'autant plus efficace et bienvenu le matin que, à jeun, l'alcool circule très vite dans le sang et ses effets psychoactifs s'installent aussi rapidement que si l'on injectait la substance par voie intraveineuse. Cette recherche de shoot d'alcool, de rapidité d'action et de maximalité du « résultat » explique pourquoi les femmes boivent tout ce qui leur tombe sous la main. Pourvu que ça fasse de l'effet ! Qu'il s'agisse de whisky ou de vin blanc, la femme n'apprécie pas forcément le goût du breuvage. Si elle boit, c'est pour obtenir, dans les plus brefs délais, un réel bénéfice. Son cerveau recherche de l'apaisement, de l'évasion, bref, du changement, mais en aucun cas le plaisir de la dégustation. C'est pourquoi elles ne savourent pas leurs premiers verres avec langueur, mais les vident compulsivement, le plus vite possible. Elles boivent pour que l'euphorie s'installe et que le malaise existentiel disparaisse. Ce mode de consommation offre à la femme dite « au foyer » un « avantage » : celui de pouvoir s'écrouler tout l'après-midi puis se présenter le soir à son mari et à ses enfants « fraîche et dispose », sans qu'aucun signe d'alcoolisation ne transparaisse.

Hélas, comme nous l'avons souligné plus haut, du fait d'une moindre résistance physique, la femme atteindra rapidement son seuil de tolérance. Par conséquent, cette liberté relative du soir, ce camouflage de la consommation quotidienne, ne pourront perdurer bien longtemps. Le partenaire constatera alors les modifications comportementales de sa compagne. Il notera chez elle une diminution de l'appétit et un désintérêt grandissant pour la vie extérieure, la vie familiale et la relation conjugale. Les mouvements d'humeur gagneront en amplitude, les troubles de la pensée et de la mémoire accompagneront les troubles du sommeil et parfois, déjà, des sueurs et des nausées au réveil.

Les syndromes pseudo-grippaux, les fausses migraines ou les indigestions simulées se répéteront... sans gravité, certes, mais de plus en plus fréquemment. À ce stade, le diagnostic d'alcoolo-dépendance ne fait plus l'ombre d'un doute.

Mais nous vivons en France... et bien souvent ni le conjoint ni la principale intéressée ne pensent à consulter. Il arrive, cependant, que des maris inquiets du penchant de leur épouse pour la boisson viennent me voir pour savoir si leur compagne ne serait pas devenue accro à l'alcool. Malgré l'abondance des symptômes qu'ils rapportent, comme les troubles du sommeil, de l'appétit, de la sexualité, de l'humeur ou de la cohérence de la pensée, ils doutent souvent du diagnostic de dépendance. Je leur conseille alors d'emmener leur épouse en week-end, dans un lieu romantique, sans enfants et surtout sans boissons alcoolisées. Bref, un week-end de rêve... Si le séjour se révèle impossible ou... infernal, le diagnostic frôle la certitude.

Bien différentes de ces femmes engluées dans le quotidien de la vie maritale, les jeunes patientes qui s'exposent dès le début de l'adolescence aux abus d'alcool et aux dépendances sont de plus en plus nombreuses. Les hospitalisations des jeunes filles de 14, 15, 16 ou 17 ans se comptent aujourd'hui par dizaines ! Elles commencent à s'alcooliser vers douze, treize ans et, plus inquiétant encore, glissent rapidement vers des abus chroniques associés, comme le cannabis à fortes doses quotidiennes, la cocaïne et l'ecstasy, incontournables à chaque sortie, à chaque fête. Sur un cerveau d'adolescente en pleine maturation, ces dérapages chroniques apparaissent d'une dangerosité extrême.

Kimberley, quatorze ans et demi, arriva à la clinique accompagnée de sa mère. Elle avait refusé, durant de longs mois, de me rencontrer malgré les suppliques maternelles et les risques de santé qu'elle avait encourus. Plusieurs fois par semaine, au petit matin, quand elle réussissait à retrouver le chemin de sa maison, Kimberley chutait lourdement dans les escaliers et multipliait les pertes de connaissance. Elle avait interrompu sa scolarité en cinquième. Son dossier judiciaire grossissait à vue d'œil, avec deux inculpations pour usage et revente de drogue, au point d'être menacée d'un placement en foyer. Sa mère, artiste peintre, célibataire, semblait désemparée. Elle retrouvait dans la chambre de sa fille des bouteilles vides de vodka côtoyant des paquets de cocaïne et des sachets d'herbe. Lorsque Kimberley vint me consulter, elle demanda à sa mère d'assister à l'entretien. À notre grand étonnement, la jeune fille se raconta facilement et avoua qu'elle n'en pouvait plus. Ses polyconsommations quotidiennes étaient faramineuses pour son âge : 2 à 3 grammes de cocaïne, une bouteille d'alcool fort, 5 à 6 grammes de cannabis et, cerise sur le gâteau toxique : 7 à 15 comprimés d'ecstasy le week-end avec un peu de LSD, de gamma OH, de kétamine ou de métamphétamine selon les richesses du marché festif ! Le plus troublant restait, à mes yeux, le calme de la jeune fille lors de cet inventaire des défonces modernes.

Elle consentit sans difficulté à se laisser hospitaliser. Durant son séjour à la clinique, sa psychopathologie éclata au grand jour et je décidai de lui prescrire un traitement médicamenteux antipsychotique à forte posologie. Kimberley s'en trouva soulagée. La folle angoisse existentielle qui l'envahissait depuis une agression et un viol à l'âge de 10 ans, ainsi que ses troubles addictifs alimentaires – boulimie avec vomissements –, s'atténuèrent enfin. Aujourd'hui – six mois plus tard –, Kimberley va bien ; elle a repris le chemin de l'école et son juge d'application des peines a suspendu le placement en foyer. Cependant, la jeune fille a décidé d'arrêter la prise de ses médicaments car elle a grossi de 10 kilos en quelques mois. Une fois encore, nous, médecins, sommes confrontés aux limites de ces traitements : efficaces d'un certain côté, mais handicapants de l'autre... particulièrement chez la femme...

Kimberley n'est pas un cas exceptionnel. Les consommations d'alcool et de cannabis débutent dès la sixième ou la cinquième. Et pour cause : dépassés par la maturité précoce des adolescents d'aujourd'hui, les parents se retrouvent incapables d'imposer une discipline à leur progéniture. De plus, les boîtes de nuit, les soirées privées ou les raves déjantées proposent aux jeunes gens – parfois gratuitement – des alcools forts, de la cocaïne et d'autres drogues. Faut-il rappeler à ce stade-là que la vente d'alcool, tout comme l'entrée des discothèques, reste interdite aux mineurs ?

La polyconsommation est devenue la règle. Il n'existe plus de barrières franches entre drogues licites et illicites. Bien loin des polémiques et des débats politiciens chroniques, les adolescents placent l'alcool et le cannabis sur un même socle de banalisation. Le joint et la bière remplacent depuis bien longtemps le goûter à la sortie du lycée. La cocaïne ou l'ecstasy jouent le rôle de substances du week-end ou de compagnes des sorties festives. Comme, jadis, l'alcool...

Cette polyconsommation, au cœur de laquelle l'alcool et le cannabis se présentent comme des piliers de déscolarisation et de désocialisation précoces, me semble occuper une place notable dans l'augmentation des tentatives de suicide observées chez les jeunes, depuis environ vingt ans, dans la plupart des pays industrialisés.

Un autre constat clinique qui, au fil des ans, se renforce : les jeunes deviennent adolescents de plus en plus tôt ! Ils ne sont pas seulement plus grands – 10 centimètres de plus en moyenne en trois décennies ! –, mais également plus rapidement confrontés aux bouleversements corporels et psychiques de la puberté. Kimberley paraissait 18 ans – alors qu'elle n'en avait que 14 –, l'âge pour entrer sans papiers d'identité dans toutes les boîtes de nuit. La vie moderne, et notamment l'alimentation enrichie dès les premières années, permet non seulement aux filles de gagner en taille et en tour de poitrine mais aussi de débuter leur adolescence vers 10, 11 ans. Cette réalité, nous l'avons vu, expose bien prématurément l'enfant aux multiples travers des dérapages festifs.

Comment aider ces adolescentes, ces femmes en difficulté avec l'alcool ou déjà dépendantes, à trouver le courage d'aller consulter, à accepter une aide extérieure sans craindre une condamnation immédiate ? Comme nous l'avons expliqué dans les chapitres précédents, il n'existe toujours pas de centres destinés spécifiquement aux femmes. Certes, les méthodes de sevrage – associant médicaments et suivi psychologique – ne diffèrent pas ou peu selon qu'il s'agit d'un homme ou d'une femme : un traitement médicamenteux associé à des consultations psychologiques. Ces dernières me semblent particulièrement importantes chez la femme pour tenter de retrouver un bien-être dans sa vie personnelle, familiale et sociale.

Quand la patiente ne souffre pas de symptômes importants de dépendance physique, nous pouvons éviter l'hospitalisation et la traiter en consultation externe. Si en revanche il existe un risque suicidaire ou une pathologie associée, une cure de quelques semaines s'impose.

En fait, l'hospitalisation me paraît toujours préférable pour de multiples raisons. D'une part, le diagnostic psychologique ainsi que les réactions de la malade au traitement pharmacologique nécessite une observation quotidienne : vingt-quatre heures sur vingt-quatre et sept jours sur sept. D'autre part, tout comme l'anorexie, l'isolement de la patiente et la coupure avec son milieu familial peuvent se révéler aussi essentiels que bénéfiques.

Nous préconisons bien trop souvent les cures externalisées pour masquer le manque de places, de lits et de services spécialisés dans notre pays.

J'ai constaté beaucoup trop d'échecs, vu et revu des années plus tard beaucoup trop de patientes, encore et toujours dépendantes à l'alcool et devenues accros aux médicaments – tranquillisants et antidépresseurs – prescrits en ambulatoire, pour accepter les insuffisances de cette modalité de suivi. Mais quelle solution pouvons-nous trouver quand ces femmes nous expliquent les raisons pour lesquelles elles ne peuvent pas se faire hospitaliser ? « Je dois m'occuper de mes enfants, expliquent-elles, de la maison, de mon mari et, en plus, je ne peux pas quitter mon travail. Je n'ai même pas le temps de me reposer... » Que répondre à de tels arguments ?

L'alcool, comme le tabac ou le cannabis, est également

devenu une drogue féminine. Nous devons apprendre à respecter cette dépendance, à la considérer comme une maladie et à la traiter comme telle. La dignité et le temps des soins ne sont que trop rarement accordés aux femmes. Aussi, pour leur permettre de retrouver la liberté, pour les guérir de leur dépendance, il nous faut avant tout leur donner les moyens de se soigner.

L'alcoolisme reste trop souvent non détecté, ce qui retarde son traitement.

Le bref questionnaire DETA [1] (acronyme de Diminuer, Entourage, Trop et Alcool) proposé aux personnes rencontrant des difficultés avec l'alcool permet de déceler les premiers signes d'un abus : la somme des réponses à quatre questions implique un risque de 0 à 4. Deux points (2 oui) indiquent un réel problème. Une seule réponse positive justifie un rendez-vous chez le médecin :

1. Avez-vous déjà ressenti le besoin de diminuer votre consommation de boissons alcoolisées ?
   Oui Non
2. Votre entourage vous a-t-il fait des remarques au sujet de votre consommation ?
   Oui Non
3. Avez-vous déjà eu l'impression que vous buviez trop ?
   Oui Non
4. Avez-vous déjà éprouvé le besoin de boire de l'alcool dès le matin pour vous sentir en forme ?
   Oui Non

Ce test n'est pas un examen clinique. Seul un médecin peut établir un diagnostic d'abus d'alcool ou de dépendance.

1. Traduction française du questionnaire de CAGE (*Cut off, Annoyed, Guilty, Eye opener*), proposé par Ewing en 1984.

2

Tabac : adieu Lauren Bacall

La cigarette m'aide à supporter les périodes difficiles, disent les unes. Elle rythme tous les moments de ma vie, les bons comme les mauvais, reconnaissent les autres. Elle me donne de l'assurance, du courage, une contenance... Je ne peux imaginer mon quotidien sans elle...

Ces femmes fument depuis six mois ou trente ans. Issues de milieux sociaux divers, célibataires ou mères de famille, adolescentes ou mûres, plus ou moins épanouies dans leur vie personnelle ou professionnelle. Aucune ne se ressemble, mais toutes revendiquent leur dépendance à la cigarette... ou plus exactement leur attachement presque affectif, quasi viscéral à ce que certaines comparent à un « doudou » : rassurant, relaxant, enveloppant. Mais, à l'inverse du doudou de notre enfance, inoffensif et doux, la cigarette tue ! À plus ou moins long terme, ces femmes verront, dans le meilleur des cas, leur beauté s'altérer, leurs rides se creuser plus rapidement que la moyenne et dans le pire... l'apparition de cancers et de maladies cardio-vasculaires qui jusqu'alors ne semblaient réservés qu'aux hommes, de troubles respiratoires, sans oublier les problèmes gynécologiques que nous évoquerons ultérieurement.

Longtemps considéré comme une affirmation de la virilité, le tabagisme commence à faire des ravages auprès de la gent féminine. Les spécialistes parlent même, à plus ou moins court terme, d'une véritable catastrophe sanitaire ! Si l'on en croit les chiffres, 31 % des femmes fument régulièrement. Une consommation en forte et constante augmentation qui rejoint progressivement celle des hommes (42 %) et la dépasse même chez les adolescentes. En 2003, 79,3 % des jeunes filles entre 17 et 18 ans avaient déjà expérimenté le tabac au moins une fois dans leur vie. 39,9 % d'entre elles fument contre 40,2 % de jeunes garçons. Le tabac constitue d'ailleurs, avec le cannabis, le produit toxique pour lequel la différence sexuelle semble la moins marquée.

Et pour cause, le tabagisme féminin ne date pas d'hier. Il commença bien avant qu'Aurore Dupin ne devienne George Sand. Au XVIIIe siècle déjà, Mme de Pompadour s'adonnait, entre autres, au plaisir du tabac. Cependant, il fallut du temps pour que la cigarette bénéficie d'une image attractive et valorisante. Dans les années 1920, on considérait qu'il était vulgaire ou immoral, pour une femme, de fumer. Pour être tout à fait objectif, reconnaissons qu'à l'époque il était de toute façon vulgaire et immoral pour une femme de se consacrer à une autre activité que celle d'épouse et de mère.

Au fil du temps, alors que la cigarette représentait la force masculine – incarnée par le cow-boy Marlboro –, les attitudes changèrent et, grâce à la publicité et à certaines femmes célèbres qui prêtèrent ou vendirent leur image aux fabricants de tabac, la cigarette fut associée à la libération de la femme, et devint symbole d'émancipation. Souvenons-nous de Louise Brooks au look garçonne, pour laquelle l'acte de fumer était synonyme de femme affranchie, de Marlene Dietrich, symbole de la femme fatale, de Greta Garbo ou encore de Rita Hayworth pour qui le fume-cigarette planté entre les lèvres devint un véritable objet érotique. Le tabagisme féminin prit un nouvel essor pour atteindre son paroxysme à partir de 1968 ; une réelle volonté d'affranchissement de la condition féminine, liée au souhait inconscient de se hisser au niveau des hommes. L'acte de fumer gomma alors, peu à peu, l'image de passivité des femmes. Il demeura un des phénomènes de comportement féminin parmi les plus importants de ces cinquante dernières années.

Aujourd'hui, ce n'est plus pour s'affirmer que les femmes fument. La cigarette est devenue leur fidèle compagne et l'emblème même des *superwomen* actives, libres et indépendantes. Nous connaissons tous le cliché type de la femme du début de ce millénaire : au volant de son 4×4, tenant de la main droite son téléphone portable et de la main gauche une cigarette glissée entre les doigts.

De nos jours, les femmes assument leur dépendance. Elles évoquent, d'ailleurs, plus volontiers leur addiction à la cigarette qu'au tabac. Comme si l'objet se révélait plus addictogène que la substance elle-même. À l'inverse des hommes, la majorité des femmes se sent beaucoup moins accro à la nicotine et autres ingrédients dits « addictogènes » qu'à la gestuelle ou au soulagement que procure l'acte de fumer.

Sans minimiser la dépendance psychologique que génère le tabac, nous ne devons pas sous-estimer la dépendance physique qu'il entraîne. Comme d'autres drogues, cette substance accroît la libération ou la concentration de dopamine. La nicotine fumée atteint le cerveau en moins de sept secondes, créant un véritable shoot alvéolaire. C'est, précisément, ce pic de nicotine qui explique non seulement le plaisir éprouvé lors de chaque bouffée, mais aussi le besoin irrépressible de consommer afin de continuer à en ressentir les effets stimulants, euphorisants et hédonistes. Le tabac procure, dès les premières bouffées, une sensation de récompense immédiate, ce qui donne à cette substance un pouvoir addictogène important. Ainsi l'arrêt, même provisoire, de nicotine peut déclencher des symptômes de manque, tels un besoin urgent de fumer, une irritabilité, de la déprime, de l'anxiété, des troubles du sommeil et de l'alimentation, des difficultés de concentration. Ces perturbations s'atténuent si l'on a recours à des substituts nicotiniques (patchs, gommes, etc.).

Au-delà de la satisfaction que la consommation de tabac entraîne, cette substance procure des effets anxiolytiques et antidépresseurs. Voilà certainement l'un des bénéfices que recherchent les femmes : l'impression de lutter plus facilement contre le stress ou les sentiments dépressifs, de faire face à la solitude ou à l'ennui, la tristesse, la douleur, la colère ou la frustration. Elles tentent alors, volontairement ou non, de s'automédiquer en utilisant la nicotine comme substance médicamenteuse ayant la propriété et donc le pouvoir pharmacoactif d'atténuer, voire de dissoudre, les effets négatifs de l'angoisse. Pourtant, la cigarette ne supprime pas les états d'anxiété. Bon nombre de fumeuses demeurent, malgré tout, sujettes à l'angoisse. Alors comment mesurer ces fameux « bénéfices » anxiolytiques ? Au moment du sevrage, tout simplement, puisque le tabac représente la seule drogue qui devient psychiatriquement dangereuse le jour où l'on décide d'y renoncer. Autrement dit, celle qui « rend fou » quand on n'y touche plus.

Les témoignages ne manquent pas. Je me souviens, notamment, de l'histoire d'une jeune femme de 35 ans, fumeuse depuis l'âge de 15 ans qui, durant une semaine, s'est vu contrainte de réduire considérablement sa consommation – de un paquet à trois cigarettes par jour – en raison d'un séminaire aux États-Unis : deux premiers jours de tranquillité, puis « une brutale descente aux enfers » dès le lendemain. « Je me suis levée avec une tristesse que je ne comprenais pas, m'expliqua-t-elle. Puis, au fil des heures, ce sentiment augmenta. Les larmes coulaient sans explication. J'ai attendu que la journée passe, pensant que j'avais un coup de blues passager ou que je subissais l'effet du décalage horaire. Le lendemain, je me suis réveillée en pleurs avec des idées noires plein la tête. Je pensais que je ne valais rien, que j'avais gâché ma vie, etc. À aucun moment je n'ai fait le lien avec le sevrage de tabac étant donné que je souffrais très peu du manque physique. Ce n'est que vers le sixième jour, alors que mon moral était au plus bas, qu'un médecin me conseilla de me patcher. Je suis rentrée en France, j'ai, malheureusement, refumé et la vie a repris son cours normal... » Cette femme menait, en apparence, une vie épanouie. Deux ans plus tôt, un divorce douloureux suivi d'un avortement l'avaient plongée pendant quelques mois dans une déprime dont elle se sortit plutôt bien. Restaient, malgré tout, quelques séquelles, dont une certaine solitude et, surtout, la folle inquiétude de ne pas avoir d'enfant à son âge. Une réalité qu'elle s'efforçait de masquer par une vie professionnelle trépidante et quelques amants « pansements ». L'arrêt de la cigarette fit sans doute ressurgir tout cela. Ainsi, le risque semble grand de replonger à tout moment, dès l'apparition d'une nouvelle tension ou d'un événement difficile.

Mais ne nous trompons pas, les femmes déprimées ne représentent pas les seuls sujets accros à la cigarette ! Le tabac présente d'autres « bénéfices » susceptibles de séduire les femmes. À l'inverse des autres drogues, alcool, cocaïne, héroïne, etc., l'usage, l'abus ou même la dépendance au tabac ne modifient en rien le comportement de la fumeuse, sa relation aux autres, son humeur ou sa perception du monde extérieur. En d'autres termes, ce produit ne « défonce » pas. Les femmes peuvent alors user et abuser du tabac sans que jamais leur conduite, leur allure générale ne s'en trouvent altérées ni ternies.

Enfin, dernier argument, et certainement le plus imparable : la non-prise de poids. Il faut effectivement savoir que les fumeuses pèsent en moyenne 3 kilos de moins que les non-fumeuses et perdent environ 200 calories par jour. La nicotine produit d'une part un effet coupe-faim – elle est anorexigène – et d'autre part elle freine le stockage des graisses et augmente artificiellement les dépenses en énergie. Mais attention : une grande fumeuse qui mange beaucoup grossira autant et de la même façon qu'une non-fumeuse. L'argumentation du poids est aussi largement entretenue par la publicité qui joue sans limites sur le registre de la minceur pour inciter les femmes à fumer. En proposant des cigarettes ultra-fines et longilignes, les industriels du tabac font passer un message subliminal aussi pervers que dangereux : « Fumez, vous serez mince, donc séduisante. » En résumé, ces derniers associent l'usage du tabac à la maturité, à l'émancipation, à la sensualité et au maintien d'une taille mannequin : des facteurs qui demeurent tout aussi importants pour les femmes que pour les adolescentes.

Ces dernières, en revanche, ne recherchent pas exactement les mêmes « bénéfices » en fumant. Chez la plupart, la cigarette, tel un bâton de rouge à lèvres ou des talons aiguilles, donne l'illusion d'entrer dans le monde des adultes en se comportant comme « des grandes ». Elle crée également un lien social entre les adolescents et favorise leur appartenance à un groupe. Elle a un rôle facilitateur, aide à apaiser les tensions, favorise les rapports amicaux et peut aplanir les difficultés interindividuelles.

Doudou, béquille sociale et psychologique, aide minceur, ce sont là les leurres que la cigarette semble offrir à tous, et aux femmes en particulier ; autant de mauvaises bonnes raisons pour continuer à fumer ! Dès qu'elles y ont goûté, en ont repéré les « bienfaits », dès que la dépendance s'est installée en somme, il semble difficile à la plupart des femmes d'abandonner le tabac, si ce n'est la perspective d'un enfant, et encore ! Pourtant, les faits sont là, incontournables, inquiétants et dramatiques. Depuis deux décennies, les femmes viennent grossir les rangs des victimes du cancer du poumon.

Pour des raisons anatomiques et hormonales, la sensibilité à la toxicité de la cigarette semble plus importante chez les femmes que chez les hommes.

Chaque année en France, 60 000 personnes, dont 5 000 femmes, meurent de maladies liées au tabac, ce qui équivaut en « unités de catastrophes récentes » à 4 canicules par an. Entre 1983 et 2000, le nombre de décès par cancer du poumon lié au tabac a été multiplié par cinq chez les femmes de moins de 45 ans. En 2020, ce chiffre devrait être multiplié par dix. Si le tabagisme continue de séduire autant les femmes, le cancer du poumon pourrait devenir, d'ici vingt ans, le premier cancer féminin devant celui du sein. Une femme sur 20 développera un cancer du poumon. Une femme sur 22 en mourra. Une fumeuse sur 7 contre 1 non-fumeuse sur 143 aura un cancer du poumon. Dire que les risques deviennent élevés est un euphémisme. En plus du danger lié au cancer du poumon, le tabac favorise l'émergence des cancers du col de l'utérus et de la vessie (30 %). En revanche, rien ne prouve avec certitude encore la responsabilité de cette substance sur le cancer du sein.

D'une manière générale, le tabac, associé le plus souvent à l'alcool, est directement impliqué dans 50 à 70 % des cancers de la bouche, du pharynx, du larynx, et dans 40 % des cancers du pancréas.

Si une fumeuse invétérée a la chance de passer entre les « mailles du filet », elle ne se trouve pas à l'abri d'autres pathologies graves provoquées par le tabac, notamment les maladies cardio-vasculaires. Ces dernières sont dramatiquement plus élevées chez les femmes fumeuses et d'autant plus lorsqu'elles utilisent un moyen de contraception par voie orale. En effet, tabac et pilule augmentent considérablement les risques de thrombose – caillot de sang qui bouche les veines –, les accidents cardiaques – infarctus – ou cérébraux – attaques. Ces risques peuvent diminuer, sans toutefois être totalement éliminés, avec les pilules faiblement dosées qui contiennent peu d'œstrogènes. Nous ne le répéterons jamais assez : en 2050, l'infarctus deviendra une maladie à nette prédominance féminine.

Enfin, plus précocement encore, le tabac devient une cause majeure d'hypertension chez le sujet jeune.

Au-delà des maladies mortelles causées par le tabac, on observe chez les fumeuses de sérieux troubles gynécologiques : altération de la fécondité due aux multiples agents mutagènes contenus dans la fumée, augmentation des fausses couches, des grossesses extra-utérines et d'échecs lors de fécondation *in vitro*.

À terme, si la femme fumeuse échappe à ces problèmes, elle s'expose à une diminution de la sécrétion d'œstrogènes entraînant des irrégularités menstruelles, à une fragilisation de la masse osseuse – risque d'ostéoporose – ainsi qu'à une apparition précoce de la ménopause – un à deux ans plus tôt environ – accompagnée de manifestations telles que des bouffées de chaleur, des troubles du sommeil et de la mémoire plus importants que la normale. Dans ce domaine, les hommes semblent moins concernés. En effet, aucune étude ne prouve une diminution de la fertilité masculine.

Les maladies respiratoires liées au tabac, quant à elles, démontrent également une inégalité entre les deux sexes. Les poumons des femmes étant plus petits que les poumons des hommes, l'exposition à la fumée par unité de surface apparaît donc plus grave. Par ailleurs, on soupçonne chez les femmes une sensibilité plus grande à la broncho-constriction, une contraction des muscles de la paroi des bronches qui entraîne leur rétrécissement. Les fumeuses courent donc deux fois plus de risques de souffrir de bronchites. Celles-ci se manifestent par des toux et des expectorations matinales. Il faut savoir qu'à 20 ans la capacité respiratoire est de 100 %. Elle est de 60 % à l'âge de 70 ans chez les non-fumeurs, mais seulement de 40 % chez les fumeurs.

Enfin, dans le registre des « petites conséquences néfastes » du tabac mais ô combien essentielles pour les femmes, n'oublions pas d'évoquer le vieillissement prématuré de la peau. En effet, les vaisseaux sanguins périphériques irriguant l'épiderme se contractent et la circulation et l'oxygénation du sang deviennent moins bonnes. La peau se nourrit donc moins bien, perd de son élasticité, vieillit plus vite et se ride davantage, notamment autour de la bouche. Sans compter la mauvaise haleine, la chevelure ternie, le jaunissement des dents et les maladies des gencives avec risque de déchaussement précoce.

En qualité de médecin, je me dois d'alerter chaque femme des dangers du tabac, cette épée de Damoclès qui risque de s'abattre tôt ou tard sur les fumeuses. Mais en qualité de médecin addictologue, je sais également à quel point il paraît difficile et, pour certaines femmes, impossible d'abandonner la cigarette malgré les risques, parfois mortels, encourus. Je le répète aujourd'hui encore : il ne s'agit pas de savoir pour pouvoir. Connaître les dangers et les risques futurs ne suffit pas toujours à nous faire « décrocher ». Notre cerveau, masculin ou féminin, se sent bien démuni face à l'avenir. Il tend à l'immédiateté. Au plaisir de l'instant. *Carpe diem*, et nous verrons demain. Le pire n'est jamais certain... alors profitons de l'apaisement que nous offre une bouffée de cigarette... L'être humain fonctionne ainsi, mais le tabac ne pardonne pas. Dès l'instant où il « frappe », il est souvent trop tard.

Alors, si savoir n'est pas pouvoir, certains vous conseilleront de faire preuve de volonté : « Jetez votre paquet, vos briquets, vos cendriers et tout ce qui peut vous rappeler qu'un jour vous avez fumé ! » Combien d'accros peuvent-ils se vanter d'avoir réussi par ce procédé ? Peu ! Très peu. Vouloir n'est pas pouvoir, hélas. L'addiction est une maladie que la volonté, même si elle se révèle utile à la guérison, ne peut pas traiter. Prendre la décision de s'arrêter sans support psychologique et/ou nicotinique présente bien peu de chances de réussite. Moins de 5 % des tentatives d'arrêt sans aide médicale aboutissent à une abstinence, et d'une année seulement. Allen Carr, auteur d'une méthode progressive d'arrêt du tabac, best-seller planétaire, n'est plus là pour affirmer le contraire : il est mort d'un cancer du poumon !

Le sevrage tabagique paraît, à l'évidence, plus difficile pour une femme que pour un homme. Quand arrive le moment tant redouté du renoncement définitif au tabac, la crainte de la prise de poids, le manque de confiance en soi, l'appréhension de s'ennuyer, et surtout, la peur d'être démunie face aux situations stressantes, rendent plus difficile le passage à l'acte.

Comment se sortir de cette dépendance sans le doudou tabac et sans la prise de kilos ?

Il faut commencer par se débarrasser de ses cigarettes et se patcher ou mâcher des gommes pour atténuer le sevrage nicotinique.

En ce qui concerne la prise de poids, précisons malgré tout qu'il ne s'agit pas d'une fatalité : environ 30 % des femmes qui arrêtent de fumer ne prennent pas un gramme. Dans 70 % des cas, cette prise de poids reste modérée, à savoir 3 ou 4 kilos en plus, qui ne représentent pas un surpoids mais le poids moyen d'une femme si elle n'a jamais fumé. Autrement dit, l'éventuelle prise de poids à l'arrêt du tabac ne représente qu'un juste retour à la normale. Tout en rédigeant ces quelques lignes, je reconnais ne pas apporter de solution acceptable. En effet, 4 kilos en plus, même s'ils représentent le poids normal, cela revient néanmoins à les prendre quand même. Alors que faire ?

Adopter une stratégie antikilos intelligente et efficace de façon à réduire au strict minimum le gain de poids.

Dans un premier temps, les fumeuses doivent prendre soin de leur alimentation. Attention, cela ne signifie pas se priver de tout. Arrêter la nourriture et le tabac en même temps risquerait de provoquer un état de frustration et de déprime. On ne supprime pas deux plaisirs en même temps... Il faut privilégier les légumes, les fruits et les protéines et diminuer activement les graisses et les sucres.

Dans un second temps, pratiquer un exercice physique : une demi-heure de sport par jour suffit puisque cela permet de brûler 1 000 calories supplémentaires par semaine.

Les bénéfices ne se feront pas attendre : vingt minutes après l'arrêt du tabac, la tension artérielle et le rythme cardiaque se stabilisent ; huit heures après, l'oxygénation des cellules redevient normale ; vingt-quatre heures plus tard, le monoxyde de carbone s'élimine complètement et les poumons commencent à rejeter les résidus de fumée ; quarante-huit heures après, le corps ne contient plus de nicotine, l'odorat et le goût s'améliorent, respirer devient alors plus facile, les bronches commencent à se relâcher et l'énergie augmente ; dès le troisième mois, les problèmes respiratoires et la toux disparaissent, la voix s'éclaircit et le fonctionnement des poumons augmente de 10 % ; les risques d'accidents vasculaires cérébraux diminuent au bout de un an ; au bout de cinq ans, la menace d'une crise cardiaque est deux fois moins élevée que pour un fumeur ; en dix ans, le risque de développer un cancer du poumon devient quasiment égal à celui d'un non-fumeur.

En ce qui concerne les femmes, l'arrêt définitif du tabac offre des avantages non négligeables, notamment la diminution des risques de développer un cancer du col de l'utérus ou du poumon ainsi que des maladies cardio-vasculaires. Celles qui arrêtent de fumer avant l'âge de 50 ans prennent deux fois moins de risques de mourir dans les quinze années suivantes que celles qui s'obstinent.

Malgré les bienfaits rapides qui suivent l'arrêt du tabac, le principal ennemi du sevrage demeure la rechute. En moyenne, les ex-fumeurs tentent à quatre reprises d'arrêter sérieusement avant de parvenir à en finir avec la cigarette. Alors pour mettre toutes les chances de son côté, il convient d'élaborer quelques stratégies pour faire face aux situations critiques risquant de déclencher une envie irrépressible de fumer :

- ✔ Après le repas ou au moment du café : quittez rapidement la table ou remplacez le café par une autre boisson.
- ✔ En cas de stress ou d'inquiétude : respirez profondément, changez d'activité, prenez l'air quelques minutes. N'hésitez pas à vous lancer dans l'apprentissage d'une technique de relaxation.
- ✔ Si vous participez à une fête où le champagne coule à flots : limitez votre consommation d'alcool. En cas d'envie irrépressible, n'hésitez pas à quitter la soirée quelques minutes.
- ✔ En cas de coup de blues : optez pour le sport, passez un coup de fil, changez-vous les idées en sortant.

- ✔ En cas d'envie impérieuse : sachez qu'elle ne dure pas plus de deux minutes. Il vous suffit donc de boire un grand verre d'eau, de mâcher un chewing-gum, de vous concentrer sur un magazine ou de respirer lentement.
- ✔ En cas de déprime : n'hésitez pas à consulter.

3

Médicaments : les femmes-cachets

Zoloft, Effexor, Lexomyl, Deroxat, Prozac... Que celui ou celle qui n'a jamais gobé l'une ou l'autre de ces pilules une fois dans sa vie me jette... le premier comprimé ! Ces pilules du bonheur aux effets instantanés, qui, en quelques heures, parfois en quelques minutes, vous font délicieusement glisser dans les bras de Morphée sans affronter les affres de l'endormissement, celles qui font disparaître la boule au ventre, qui transforment les épreuves de la vie en de doux combats, quand elles ne vous font pas voir la vie en rose... Ces pilules constituent en effet un moyen aisément accessible, voire magique, d'apaiser tous nos maux et d'assurer notre dopage quotidien.

Nous consommons sans compter de la vitamine C, des oligoéléments, du magnésium, du sélénium et, depuis peu, des oméga 3 ; nous les croquons en toutes circonstances ! Cependant, ces molécules proches du placebo n'entraînent pas de grands dangers psychiques ou physiques, à l'inverse des modificateurs d'humeur, des tranquillisants ou des antidépresseurs. Les Français connaissent-ils seulement les risques qu'ils encourent ? Au regard des chiffres, la réponse est non : les médicaments psychotropes arrivent en troisième position sur la liste des produits consommés, derrière l'alcool – 13 millions d'usagers réguliers et 40 millions occasionnels – et le tabac – 12 millions d'usagers réguliers et 16 millions occasionnels –, bien loin devant le cannabis, la cocaïne et l'ecstasy. Au total, plus de 8 millions de Français consomment occasionnellement des médicaments, près de 4 millions de façon régulière et 2,5 millions quotidiennement. Selon une étude récente de l'Observatoire français des drogues et de la toxicomanie, près de 4 adultes sur 10 déclarent avoir usé de médicaments psychotropes. Mais le record revient incontestablement aux femmes qui, pour une petite insomnie, un chagrin d'amour, un problème existentiel ou bien réel n'hésitent pas à absorber toutes sortes d'antidépresseurs, de tranquillisants ou de somnifères.

L'histoire de Sofia, une patiente que je reçois en consultation depuis quelques mois est significative : c'est une jeune femme brillante et belle que la vie a épargnée jusqu'à 35 ans. Mariée pendant une dizaine d'années, elle menait une vie sereine entre son métier de grand reporter, son mari et sa petite fille de 5 ans. Chaque soir, en rentrant chez elle, elle fumait « quelques pétards » pour faciliter la discussion et le rapprochement physique avec le père de son enfant : « Je n'avais plus vraiment envie de faire l'amour avec lui, avouait-elle, et le cannabis m'aidait à me détendre et me désinhiber. » Mais elle croisa le chemin d'un homme qui « réveilla son désir ». Elle quitta son mari du jour au lendemain, divorça dans la foulée, prise dans le tourbillon de la passion charnelle. Elle cessa alors de fumer puis s'aperçut rapidement qu'elle nourrissait de grands projets de vie commune non partagés par son compagnon. L'histoire se termina et Sofia sombra. « L'avenir n'existait plus », disait-elle. En guise de béquille et pour supporter la rupture, elle se raccrocha aux somnifères : deux barrettes de Lexomyl chaque soir pour ne plus cogiter et s'endormir « comme une masse » ; jusqu'à quatre par jour lorsque les sentiments de solitude et de tristesse devenaient trop insupportables. « Je me réveillais avec la boule au ventre, j'accompagnais ma fille à l'école et j'avalais ces comprimés pour dormir toute la journée. Je n'avais pas d'autre choix sinon me suicider. » Lorsque Sofia, contrainte et forcée, reprenait ses activités professionnelles, elle laissait de côté ses

« Lexo » et avalait deux ou trois cachets de Guronsan – caféine et vitamine C – pour reprendre des forces et, surtout, quelques amphétamines obtenues sur Internet « pour assurer au boulot ». À chacun de ses états correspondait un médicament dont l'efficacité immédiate lui permettait de survivre.

24 % de femmes adultes contre 14 % d'hommes consomment, au moins une fois dans l'année, des antidépresseurs ou des tranquillisants. 4 % d'hommes avalent chaque soir des somnifères, contre 9 % de femmes. Ces dernières semblent donc plus touchées, plus longtemps et avec de plus fortes doses.

C'est un fait : depuis 1980, les femmes consomment des médicaments deux fois plus que les hommes. Plusieurs facteurs convergent pour expliquer leur recours de plus en plus fréquent aux comprimés psychoactifs – c'est-à-dire qui agissent sur le cerveau.

D'une part, plus impliquées que les hommes dans la gestion des problèmes quotidiens, ce sont elles, principalement, qui se rendent à la pharmacie pour acheter les traitements destinés à la famille. Mais comme me l'a avoué une patiente, « nous entrons pour acheter un médicament bien précis ou un lait pour notre enfant, et sortons avec le sac rempli ». Comment résister aux diverses tentations qui s'étalent sur les comptoirs, aux promesses de mieux-être, aux promotions alléchantes qui clignotent dans les vitrines... surtout quand on est une femme, à l'affût de ses rides ou de ses kilos, prête à tout pour retrouver un teint lumineux ou un ventre plat ? Depuis les gélules drainantes, amincissantes, relaxantes aux pilules coupe-faim, en passant par toutes sortes d'ampoules vitaminées pour mieux réfléchir, devenir plus performante, combattre la fatigue, sans oublier ces médicaments miracles, en vente libre, contre les douleurs des règles ou pour vaincre l'humeur morose liée à ces périodes, etc. La pharmacie et, plus précisément, la parapharmacie est devenue depuis quelques années le supermarché de la beauté et de l'apparente bonne santé.

D'autre part, les problèmes de nature physiologique comme les cycles menstruels, les grossesses, la ménopause mais aussi les infections urinaires, la constipation ou encore les maladies chroniques comme la polyarthrite, maladie plus féminine que masculine, amènent souvent les femmes à se tourner vers les services de santé et à sortir du cabinet médical avec une ordonnance en main. C'est une des raisons pour lesquelles, dès l'âge de 20 ans, elles consomment davantage de médicaments, tous types confondus, que les hommes.

De plus, les représentations sociales de la masculinité associant les idées de virilité, de performance et de résistance n'incitent probablement pas les hommes à solliciter une aide pharmacologique. Face aux nombreuses possibilités de ressentir un soulagement dans les épisodes de souffrance mentale, les hommes ont tendance à privilégier les solutions ne faisant pas intervenir de tierce personne dans la gestion de leur mal-être. Par orgueil, par pudeur ou tout simplement par souci d'autonomie – « Je m'en sortirai tout seul ! » –, ils préfèrent à la consultation médicale la fonction consolatrice de la divine bouteille, l'effet apaisant ou *boostant* d'une substance illicite.

À l'inverse, les femmes n'hésitent pas à demander de l'aide à leur médecin ou à leur pharmacien, à se laisser aller à la confidence en évoquant les dimensions personnelles et intimes de leurs problèmes de santé.

Sans oublier la plus grande facilité pour une femme d'entrer dans une pharmacie pour calmer ses souffrances plutôt que de boire un coup au bar du coin. Question d'image.

Notre société est ainsi faite : entre une femme qui consomme des médicaments et celle qui boit, elle dénigrera la seconde. C'est pourquoi les médecins prescrivent plus de tranquillisants ou de somnifères aux femmes qu'aux hommes sans, hélas, chercher systématiquement la cause réelle de leurs problèmes. Cela explique sans doute le nombre élevé de diagnostics erronés de dépression ou d'anxiété pour lesquels la délivrance d'antidépresseurs devient monnaie courante. La consommation de ces médicaments apparaît alors bien excessive : 8 à 10 % de Françaises ont recours à ces antidépresseurs ISRS – inhibiteurs spécifiques de recapture de la sérotonine –, alors que la dépression ne concerne réellement que 2 à 4 % d'entre elles.

Cependant, que penser lorsque nous lisons l'étude du docteur Patrick Laure (2003) expliquant « que un quart des médecins généralistes libéraux consomment des antidépresseurs et que un cinquième d'entre eux usent assez régulièrement de benzodiazépines comme tranquillisants ou somnifères » ?... Mais n'accablons surtout pas les médecins généralistes.

Delphine, une jeune femme de 35 ans qui souffrait d'anxiété, me racontait lors d'une consultation que son psychiatre n'avait jamais pris le temps de discuter avec elle : « Il m'a prescrit du Valium en me disant que je souffrais d'une grave névrose. Quand je lui ai demandé des explications, il m'a répondu qu'il était là pour me traiter et non pour me donner un cours de psychiatrie. » Voici plusieurs années que Delphine prend ces médicaments, alors que nous recommandons vivement de les utiliser pendant un laps de temps n'excédant pas trois ou quatre semaines. Il faut toutefois reconnaître que certaines patientes en demandent toujours davantage. Chaque jour ou presque, mes collègues rencontrent des femmes en quête d'« un petit quelque chose » pour retrouver le moral ou d'un somnifère pour dormir. Autrefois il s'agissait de personnes âgées, mais depuis une dizaine d'années nous avons affaire à des femmes de plus en plus jeunes.

Tous ces facteurs ne démontrent pas forcément une plus grande vulnérabilité à la dépression chez les femmes que chez les hommes, mais seulement une réelle proximité avec le milieu médical. Cependant, les études faites sur le sujet indiquent que le risque de connaître un jour un épisode dépressif reste deux à trois fois plus élevé chez le sexe dit faible. Par exemple, deux tiers des ordonnances d'antidépresseurs ISRS sont délivrées à des femmes.

Cette réalité s'explique par des causes biologiques, mais également sociales et affectives.

Comme nous l'avons expliqué dans la première partie de cet ouvrage, les femmes, davantage que les hommes, connaissent des périodes de vie où elles se trouvent particulièrement exposées à des symptômes qui, à tort ou à raison, font poser le diagnostic de dépression et conduisent à une prescription d'antidépresseurs :

- ✔ Les rôles multiples et variables que ces dernières doivent assumer deviennent parfois pour elles une source de grand stress, tout comme le manque de temps pour se reposer ou se divertir, l'absence de soutien familial ainsi que la monoparentalité.
- ✔ La pauvreté et les conditions matérielles déplorables dans lesquelles vivent de nombreuses femmes – logement insalubre, prestations financières modestes, par exemple – peuvent également occasionner une dépression ou des problèmes de santé. Elles se retrouvent confrontées, plus souvent que les hommes, à une pauvreté grandissante. Pour un nombre important d'entre elles, la vie active, entrecoupée par la maternité, l'éducation des enfants et le soin aux proches, ne facilite pas les choses. De plus, les femmes occupent souvent des emplois précaires, et à temps partiel, avec de faibles revenus. Un lien de plus en plus évident s'établit donc entre la santé physique et mentale des femmes et leurs conditions économiques. La pauvreté, conjuguée à la monoparentalité et à l'isolement social qui vont souvent de pair, forment un triste cocktail mettant en péril leur santé.
- ✔ Les femmes occupent fréquemment des emplois stressants, d'où une consommation parfois excessive de médicaments psychotropes pour affronter la pression, l'anxiété et la fatigue. Il devient de plus en plus courant, en effet, de voir apparaître des symptômes dépressifs – tendance à la culpabilité, baisse de l'estime de soi et tension nerveuse permanente – chez des patientes confrontées à un environnement professionnel hostile.

- ✔ Enfin, n'oublions pas cette triste réalité : la dépression frappe plus de 50 % des femmes victimes de violences conjugales.

Mais attention, faut-il tout interpréter comme une dépression, même lorsqu'il s'agit de troubles émotionnels, de troubles de l'altérité et du sommeil conjoncturels et donc passagers ?

Depuis quelques décennies, nous avons tendance à considérer le moindre état d'âme, la moindre tristesse ou angoisse comme un désordre de nature médicale. Depuis plus de trente ans, les sociétés pharmaceutiques affirment que la détresse psychologique que peut susciter chez les femmes un événement traumatisant relève d'un « déséquilibre neurobiologique » qu'il faut traiter à l'aide de puissants médicaments. Cette augmentation du nombre de femmes ayant reçu un diagnostic de dépression en l'absence de symptômes avérés survient dans la foulée d'une nouvelle approche thérapeutique appelée la « psychiatrie biologique » : au lieu d'attribuer l'origine des maux aux difficultés sociales, culturelles ou économiques que rencontrent les femmes, cette nouvelle approche tend à convaincre les médecins et les malades que les causes relèvent de la biologie. Par conséquent, il semble logique et nécessaire de prescrire un médicament... parfois peu approprié.

L'avènement de la psychiatrie biologique et l'apparition d'une nouvelle clientèle féminine ont pavé la voie de la mise sur le marché des tranquillisants et, ultérieurement, des antidépresseurs ISRS. N'oublions pas que l'industrie pharmaceutique a sa place parmi les multinationales les plus imposantes et performantes au monde en terme de profits. Elle est donc motivée d'abord et avant tout par le rendement. Pour vendre un produit, les sociétés pharmaceutiques doivent persuader le consommateur qu'il en a besoin. Ainsi, elles ne cessent d'élargir les définitions de la dépression et de l'anxiété en y greffant de nouveaux troubles, tels que le trouble d'anxiété sociale, le trouble dysphorique prémenstruel ou encore le trouble d'anxiété généralisée : une commercialisation de la dépression à laquelle de plus en plus de femmes cèdent, intimement convaincues qu'elles sont atteintes d'un trouble mental que seul un médicament, un ISRS de préférence, pourrait soigner. Pari gagné ! La plupart ne souffrent pourtant que de symptômes mineurs et passagers liés à la vie quotidienne, et pourtant nombreuses sont celles qui ressortent de consultation avec une ordonnance prescrivant un médicament pour traiter la dépression.

Nous sommes donc passés en quarante ans d'un extrême à l'autre. En 1960, la dépression n'existait pas ou de façon honteuse : elle se définissait comme un état de faiblesse, non comme une pathologie et, de ce fait, n'était presque jamais soignée. Aujourd'hui, reconnue comme une maladie, on la fait disparaître derrière chaque tristesse ou difficulté et elle doit être immédiatement et pharmacologiquement traitée.

Alors comment éviter de tomber dans le piège ? Comment distinguer une maladie d'une « simple » déprime ?

La dépression se manifeste par des symptômes bien précis, variables selon les individus : troubles du sommeil et de l'appétit, manque d'énergie, sentiment de grande tristesse ou de désespoir, crises de larmes sans raison, perte d'intérêt pour les activités quotidiennes. Cependant, chacun d'entre nous a l'occasion d'éprouver ces sentiments à un moment ou à un autre de sa vie. La grande majorité des femmes vit au gré de ces fluctuations d'humeur ou de ces périodes d'anxiété : mais cela suffit-il à diagnostiquer d'emblée un état dépressif ?

Même si les symptômes se ressemblent, les coups de blues ne mènent pas forcément à une dépression. Les chagrins d'amour, le stress, l'angoisse liée à une période de chômage ou la tristesse qu'entraîne un deuil ne nécessitent pas forcément une aide médicale lourde. Il suffit, parfois, d'un simple traitement d'appoint pour apaiser l'anxiété. En revanche, si les symptômes persistent et ne semblent plus liés à un événement précis, il est vivement recommandé de consulter.

Néanmoins, face aux différentes situations difficiles et douloureuses évoquées précédemment et qu'une femme peut rencontrer tout au long de sa vie, il semble important d'évoquer deux périodes charnières susceptibles de favoriser une réelle dépression : la ménopause et ce qu'on appelle la dépression post-partum. Rien à voir avec le baby blues qui touche 4 femmes sur 5 environ et qui disparaît au bout de quelques jours. La dépression post-partum peut apparaître de longs mois après l'accouchement, durer entre huit et douze mois et, par conséquent, nuire aux liens que la mère crée avec son bébé. Nous estimons à 13 % le nombre de nouvelles mères souffrant de cette maladie, car il s'agit bien de cela : une affection grave et durable qui se traduit par un mal de vivre persistant dominé par l'angoisse, un sentiment de culpabilité, une absence de plaisir pour des activités jugées agréables auparavant, une impression de ne pas savoir ni pouvoir s'occuper de son bébé, un sentiment de tristesse ou de désespoir et un état d'épuisement physique et moral. Au-delà de la piste neurohormonale, les causes demeurent encore trop souvent méconnues et donc mal traitées. La dépression post-partum se révèle d'autant plus difficile à repérer que les jeunes mères tentent tant bien que mal de dissimuler leur état, rongées par la honte de ne pas être de « bonnes mères ». « Je pleure sans arrêt sans véritable raison, disent-elles, j'ai tout pour être heureuse et pourtant je me sens mal en permanence. »

Oui, en apparence, elles ont tout pour être heureuses !

Autre période de grande vulnérabilité : la ménopause, caractérisée le plus fréquemment par des bouffées de chaleur, des troubles de l'humeur, une augmentation de l'appétit, une prise de poids, des idées noires, souvent une perte de la libido et des perturbations du sommeil.

En dehors du déséquilibre hormonal, ces désordres psychologiques semblent tout simplement amplifiés par les événements de la vie liés à la cinquantaine féminine. Combien de femmes se sentent « vieilles et laides », irritables et sans désir ? Nous ne comptons plus celles qui déplorent « avoir pris un coup de vieux, ne plus retrouver leur taille de guêpe ou leur teint de jeune fille ». Il faut bien reconnaître que la ménopause arrive, hélas, en ce milieu de la vie où les années commencent à imprimer leur poids sur le corps et leurs marques sur le visage, où le monde du travail devient exigeant et élitiste, où les relations amoureuses et familiales prennent un tout autre aspect. Une période où il faut se débrouiller avec la réalité d'une vie à moitié accomplie et non plus se rassurer avec les rêves multiples qui permettent de croire que ce qui n'a pas encore été vécu pourrait l'être. La cinquantaine représente une période transitoire pour le couple qui doit apprivoiser le vieillissement, avec tout ce que cela implique. C'est aussi le temps où s'en vont, chacun à leur façon, les enfants et les parents et où apparaît chez la femme un sentiment d'inutilité, une période de flottement où elle doit trouver une nouvelle place de femme et de mère. Se créer une nouvelle identité : plus à l'écoute d'elle-même et moins au service de tous.

Une fois le déséquilibre hormonal rétabli, les dépressions féminines, les vraies, se soignent comme toutes les dépressions : à l'aide d'un traitement pharmacologique adapté.

Mais au lieu de prescrire des médicaments avec légèreté, lorsque les troubles ne le justifient pas, pourquoi ne pas s'attaquer directement aux causes de la détresse chez les femmes ?

En tant que professionnel de la « réduction des risques », j'ai appris à faire les « choses de la vie médicale » avec humilité, à ne pas immédiatement chercher un idéal impossible, car je suis un fervent adepte du « pas à pas » lorsque nous ne pouvons faire mieux. J'ai reconnu également que, à défaut de changer notre société et la place qu'y occupent les femmes, l'envie de les aider par prescription de tranquillisants, antidépresseurs ou somnifères, vitamine C ou oméga 3 était tentante. Mais l'impasse inévitable de ces prescriptions-pansements dans laquelle nous nous retrouvons à court terme me gêne. Oui, nous devons les aider à moins souffrir, oui, nous pouvons nous servir de ces sparadraps existentiels, à condition de dénoncer et de combattre parallèlement les causes sociales de ce mal-être féminin.

Aider une patiente ne consiste pas seulement à diminuer sa souffrance grâce aux efficacités médicamenteuses. Il est de notre devoir de le faire, sans pour autant nous en satisfaire. La voix médicale doit porter bien au-delà de la discussion sur telle ou telle molécule ; notre rôle est d'éclairer notre société actuelle en relatant ce que nous voyons, ce que nous constatons et ce que nous tentons de faire pour que les femmes ne se portent pas trop mal.

Avant de tirer des conclusions trop hâtives, je vous propose de répondre aux questions de l'autotest du programme Aurora[1] en fonction des deux semaines que vous venez de vivre. Si vous répondez « oui » à 5 des questions ou plus, apportez ce questionnaire à votre médecin, car le quiz ne suffit pas pour déterminer si vous présentez une dépression ou pas.

1. Êtes-vous triste, déprimé (e) ou mélancolique la plupart du temps ?

2. Avez-vous perdu de l'intérêt envers les activités que vous trouviez agréables auparavant ou avez-vous cessé d'y prendre plaisir ?

3. Êtes-vous fatigué (e) ou sans énergie la plupart du temps ?

4. Ressentez-vous des difficultés à dormir ou dormez-vous trop ?

5. Ressentez-vous des difficultés à vous concentrer ou à prendre des décisions ?

6. Votre appétit ou votre poids a-t-il changé ?

7. Vous sentez-vous coupable ou inutile ?

8. Avez-vous été pris(e) de peur ou de panique sans raison apparente ?

9. Êtes-vous agité(e) et avez-vous des difficultés à rester en place ?

10. Ressentez-vous de l'anxiété ou de l'inquiétude ?

1. Ce test a été passé en revue par Sagar V. Parikh, M. D., FRCPC, chef de clinique des troubles bipolaires, directeur de l'éducation permanente, division de l'Institut psychiatrique Clarke, Centre pour la toxicomanie et la santé mentale, professeur adjoint de psychiatrie, université de Toronto.

11. Avez-vous l'impression de ne plus pouvoir continuer ainsi ; avez-vous songé à mourir ?

S'il vous vient des idées suicidaires ou des pensées récurrentes de mort, consultez votre médecin, quelles que soient vos réponses.

4

Drogues et sexualité : sexe, mensonge et libido

Quand les tabous, la pudeur, les hontes intimes ou simplement le socialement correct font alliance, il résulte que le sujet du sexe et des drogues est absent de tout questionnement, de toute étude médicale. Le sexe n'est déjà pas un sujet simple à aborder, même si porno et Viagra sont devenus des mots aussi courants que voiture ou Mc Do ! Alors le sexe et les drogues, n'en parlons pas ! Et, trilogie du « mec plus ultra » : le sexe, les drogues et les femmes.

Prenons donc bien soin d'éviter les chapitres qui fâchent, ou pire, ceux qui dérangent. Seules deux exceptions échappent à cette tentation du silence : les études ou reportages sur la prostitution et les révélations sur les « cambriolages sexuels ». Ces viols que l'on retrouve épisodiquement au rayon des faits divers et qui ont souvent lieu à l'insu de la victime à qui l'on a donné des médicaments. Dans ces deux domaines, il est d'ailleurs plus tristement question de « droit aux femmes » que de droit des femmes.

Avant d'oser aborder ce délicat triptyque femme, sexe, drogue, je voudrais souligner ici un simple constat, symbole des temps dits modernes, lorsque la médecine se mêle de sexualité féminine : le Viagra féminin n'existe pas.

Faut-il s'en satisfaire ?

Oui, quand nous voyons que l'industrie pharmaceutique ne

recule devant rien en inventant régulièrement et avec une incroyable malhonnêteté intellectuelle et scientifique de nouvelles maladies, parmi lesquelles de fausses et imprécises « dysfonctions sexuelles féminines », dans le seul but de vendre quelques milliards de pilules de plaisir, et bientôt de désir ?

Non, quand les femmes qui souffrent de vaginisme ou de dyspareunies – sécheresse ou douleurs vaginales lors des rapports sexuels – s'entendent dire que « leur problème se situe dans leur tête » et sont priées de plancher sur le « pourquoi » de leurs maux, sans la moindre proposition thérapeutique sur le « comment ».

Nous avons beau vivre un quart de siècle après la libération sexuelle de 1968, les femmes ne parlent toujours pas facilement de leurs problèmes de sexualité. Leur parole sur le sujet est loin d'être libérée, même en consultation médicale. Nombreuses sont celles qui repartent avec leur sempiternelle angoisse du « suis-je normale ? », n'ayant pas osé aborder avec leur médecin ce qui les troublait ou les accablait. Le déferlement pornographique, les séries américaines – telles que *Sex and the city* ou *Desesperate House-wifes*, les témoignages télévisés grand public, en particulier ceux des émissions de Jean-Luc Delarue ou de Mireille Dumas, ou encore la promotion, aussi branchée que courageuse, des *sex-toys* créés par la styliste Nathalie Rykiel n'ont en fait pas changé grand-chose à cette difficulté intime qui impose encore aux femmes de ne pas pouvoir faire la différence entre le discret et le secret.

Malgré la tradition de la troisième mi-temps, les virées ou les visites au bordel et aux prostituées, malgré l'apaisement procuré par le Viagra ou le Cialis qui leur a permis, enfin, de parler de leurs difficultés érectiles, les hommes n'échappent pas, eux non plus, à cette loi du silence.

À ce sujet, je me souviens de l'histoire d'un jeune patient héroïnomane. Il me fit prendre conscience, il y a maintenant plus de vingt ans, que les questions sur la sexualité demeuraient étrangement absentes de nos démarches cliniques et que le lien *sex and drugs* ne nous semblait pas médicalement évident. Pourtant, nous étions au début de la dissémination du VIH. Cela nous obligeait à poser quelques questions précises à mes patients sur leur sexualité.

Karl venait d'être hospitalisé pour une première infection opportuniste signant son déficit immunitaire et le passage de sa séropositivité au stade de sida avéré. La voie de contamination semblait claire : il avait d'abord consommé de l'héroïne par voie nasale et, pour des raisons économiques disait-il, était passé à la voie intraveineuse depuis trois ans. Il avait souvent échangé sa seringue et son matériel d'injection avec ses différentes partenaires. La révélation de son sida l'avait initialement assommé, mais il avait ensuite décidé de se battre. Pour cela, il avait dû impérativement arrêter l'héroïne. Cependant, un point l'inquiétait grandement, bien plus que son infection virale : l'avenir de sa sexualité. Je me souviens avoir pensé naïvement qu'il voulait savoir comment s'y prendre pour ne pas transmettre son virus à sa ou ses partenaires et si une future paternité restait possible. Ce n'était pas seulement cela. Karl s'était bâti, du moins l'affirmait-il, une sérieuse réputation de « meilleur coup » de sa cité. Or à l'adolescence il avait rencontré un problème d'éjaculation précoce que seule l'héroïne avait totalement transformé. Quitter, abandonner cette substance signifiait, pour lui, le retour de ces menaces prématurées et surtout la perte de sa réputation, de son titre, sans compter la crainte du ridicule plus difficile à combattre, à ses yeux, que son sida. Il fut extrêmement soulagé d'apprendre qu'il existait, pour retarder son éjaculation, des médicaments et des possibilités thérapeutiques bien moins dangereuses et bien moins coûteuses que sa chère poudre blanche.

Après l'hospitalisation de Karl, je devins plus attentif à ce lien entre les substances psychoactives et la vie sexuelle des patients. Je pensais « machistement » que les hommes devaient être les principaux intéressés. Bien entendu, cette réductrice croyance se révéla rapidement fort inexacte.

Dans cette seconde moitié des années 80, nous hospitalisions de nombreuses patientes en raison des conséquences de leurs injections intraveineuses avec des seringues partagées, bien plus que pour leurs rapports sexuels non protégés. Elles étaient contaminées par le virus des hépatites B et C, ou le virus du sida, souvent des deux. L'une de ces personnes séropositives, Emmanuelle, mignonne et toute frêle, me raconta les débuts de sa consommation d'héroïne qui remontait à quelques années. Quand je lui demandai de m'expliquer les fonctions positives principales qu'elle avait constatées en consommant cette substance, elle me répondit d'une étonnante façon : « L'héroïne devenait pour moi la possibilité de jouir doucement et longtemps, sans aucune violence. » Je croyais qu'elle comparait ses shoots et ses flashes à une jouissance. Il faut savoir que ce genre d'images avait beaucoup circulé, non sans un certain succès, dans les milieux post-soixante-huitards des premiers intervenants en toxicomanie. En fait, Emmanuelle décrivait les relations sexuelles avec son petit copain, Karim, également usager d'héroïne. À une certaine époque de leur vie, les deux tourtereaux passaient leurs journées au lit, jouant amoureusement du matin au soir, se caressant et s'embrassant durant des heures car, grâce à « l'héro », ils se sentaient tout autant désinhibés que libérés de la quête et de l'échéance de la jouissance. La poudre leur offrait un temps long, presque infini et, surtout, dénué de toute tension et de fin programmée. Emmanuelle nommait cela « la jouissance de n'avoir pas à jouir ». Cette envie débarrassée, dépouillée de la pression de l'excitation, est assez propre à l'héroïne. Elle est, en fait, moins souvent décrite dans les ouvrages sur les drogues et les dépendances que la fameuse perte de libido. Qu'il s'agisse d'héroïne, d'alcool ou de cannabis, cette dernière idée est presque devenue un leitmotiv, un faux dogme qui consiste à dire que l'usager chronique, le dépendant, se transformerait rapidement en une loque impuissante ou frigide, s'éloignant toujours plus de sa sexualité ! Ce n'est pas ce que veulent bien me rapporter depuis vingt ans un certain nombre de mes patients et patientes addicts, mais non la majorité, je l'admets.

Si nous nous donnons la peine de ne plus colporter en bloc toujours les mêmes idées et de réfléchir cliniquement quelques instants, comment pourrait-on écarter d'office cette hypothèse ? Nous savons, en effet, à quel point les substances psychoactives modifient le fonctionnement de notre cerveau, à quel point leur consommation ou leur abus transforment notre relation aux autres, notre humeur et nos pensées. Pourquoi ces modifications ne concerneraient-elles pas aussi notre comportement sexuel ? Pourquoi nous acharnons-nous à affirmer que les drogues débouchent inévitablement sur une absence d'envie et de fantasme sexuel ? En pratique, sur le terrain si j'ose dire, c'est parfois le contraire qui se produit. Certaines femmes vont même volontairement consommer, voire abuser d'une substance pour obtenir des effets bénéfiques sur leur sexualité : se décomplexer, oser ce qu'elles n'oseraient pas faire habituellement, se désinhiber, se relâcher, oublier les difficultés de la vie passée ou présente, les peurs du lendemain et les insuffisances d'aujourd'hui, les pensées récurrentes, les « je ne devrais pas » ou les « il ne faut pas », les interdits, les craintes des transgressions, etc.

Une étude assez récente du docteur Pacheco Palba parue dans le *Journal of Sex and Marital Therapy* en 2002 et intitulée « A study of the sexuality of opiate addicts », portait sur la comparaison des comportements et satisfactions, ou ressentis sexuels, d'une population de 101 patients héroïnomanes – 61 hommes et 40 femmes – et d'une population témoin de 102 personnes non addictes. Les âges, les statuts maritaux et religieux étaient sensiblement les mêmes entre les deux populations. Si une baisse de la libido s'observait chez 75 % des hommes et 60 % des femmes souffrant d'une addiction, 5 % des hommes et surtout 20 % des femmes dépendantes à l'héroïne constataient une augmentation de leur désir sexuel. De même, 1 femme addicte sur 5 se déclarait globalement plus satisfaite sexuellement depuis le début de sa consommation de drogue, contre seulement 7 % des hommes.

Ainsi, environ quatre fois plus fréquemment que l'homme, la

femme addicte estimait avoir une sexualité plus importante et plus satisfaisante sous héroïne ! Certains auteurs tentent d'expliquer ces différences de résultats selon le genre. Ils supposent que les effets relaxants et analgésiques des opiacés que sont l'héroïne ou les morphiniques soulagent les femmes souffrant de dyspareunie ou de vaginisme, alors que les hommes paieraient un lourd tribut à cette consommation avec des troubles de l'érection et une baisse du taux de testostérone.

D'autres émettent l'hypothèse selon laquelle l'anorgasmie – l'absence d'orgasme – ou la baisse de la composante cognitive de l'orgasme – sensation et satisfaction érotiques – seraient plus mal ressenties par les hommes héroïno-dépendants que par les femmes, au même stade de dépendance.

Quoi qu'il en soit, il nous faut donc chasser une idée reçue : celle de l'absence de sexualité ou de libido chez toutes les femmes dépendantes. L'héroïne, drogue réputée comme étant la plus « tueuse de libido », la plus anesthésiante, provoquerait l'effet inverse chez 1 femme sur 4 ou 5. Leur libido et leur satisfaction sexuelle s'amélioreraient grâce à cette addiction, notamment les six premiers mois.

Mais attention, ne nous méprenons pas sur la teneur de ces propos en y percevant une quelconque tentative de prosélytisme en faveur des drogues dans le domaine de la sexualité. Bon nombre d'idées reçues circulent, notamment en ce qui concerne le cannabis. Il est vrai qu'il est l'une des drogues les plus fréquemment utilisées lors des échanges sexuels. Au fil des siècles, nombreux sont ceux qui lui ont accordé des vertus aphrodisiaques. Il n'existe cependant aucune preuve scientifique. Par définition, un aphrodisiaque est une substance censée créer et/ou stimuler le désir sexuel. Même si le cannabis procure un sentiment de relaxation, d'euphorie, quelques hallucinoses ainsi qu'un état de flottement parfois agréable qui favoriserait éventuellement le rapprochement corporel, rien ne prouve qu'il stimule le désir. N'oublions pas de mentionner également les effets indésirables de cette drogue comme la perte de motivation, l'anxiété ou le déclenchement d'une paranoïa ou d'une schizophrénie. C'est pour ces raisons que les propriétés du cannabis sur la libido et la fonction sexuelle – l'érection chez l'homme et la lubrification chez la femme – sont à la fois magnifiées et critiquées. Certains se souviennent avoir vécu de « chaudes » expériences sous cannabis et d'autres, en revanche, parlent d'« enfer ». En fait, les effets de cette substance restent influencés par l'état psychologique du sujet et par la qualité de la relation amoureuse.

Nous ne pouvons pas en dire autant de la MDMA ou ecstasy. Une demi-heure après l'absorption de cette pilule débute une période de bien-être qui ne dure que quelques minutes. Puis, d'heure en heure s'installent un sentiment d'euphorie, une sensation imperceptible d'amour universel et une profonde envie de partager. Communiquer semble plus facile en raison des effets empathogènes – qui suscitent l'empathie. Les sens sont exacerbés, en particulier le toucher. Une sensation anodine et banale peut, comme par magie, devenir dans l'instant, exceptionnelle. Contrairement au LSD, la MDMA ne procure pas d'hallucinations visuelles. Elle a la réputation d'intensifier l'activité sexuelle – d'où son surnom de pilule de l'amour. Elle décuple grandement la sensualité, mais peut cependant empêcher l'orgasme féminin. La durée des effets varie entre six et huit heures et dépend de l'engouement des partenaires et du contexte.

Quant à l'alcool, sa réputation en matière de « facilitateur » de sexualité n'est plus à faire. Consommée à faible dose, la boisson vient ébranler nos interdits car elle agit directement sur le système nerveux. Généralement un verre ou deux suffisent pour se relaxer. Chez la femme timide ou mal à l'aise, une faible dose peut lui permettre de s'abandonner plus facilement. Pourtant, plusieurs études montrent que, en matière d'alcool, l'effet attendu – un bien-être, une plus grande réceptivité aux caresses – se révèle aussi efficace que l'effet réel de l'alcool. La preuve : des personnes qui croyaient boire de l'alcool alors qu'elles n'en buvaient pas se sont montrées aussi stimulées que d'autres qui en absorbaient réellement. L'ingestion d'alcool permet à bon nombre de femmes d'exprimer leurs fantasmes et surtout de les accepter. L'excitation est donc favorisée. D'autres encore ont une sensibilité accrue, ressentent plus intensément les sensations et, en particulier, l'orgasme. À petites doses – c'est-à-dire deux verres pour une femme –, l'alcool semble également augmenter la lubrification. Mais la frontière est très mince entre « un peu d'alcool » et « trop ». Plus une femme boit, plus elle aura l'illusion d'être excitée sexuellement, alors qu'en réalité, c'est le contraire qui se produit, car la lubrification diminue. Dans le second cas, de nombreuses femmes éprouveront un ralentissement dans la montée de l'excitation et de l'orgasme. Quoi qu'il en soit, sous l'effet de la boisson les muscles se relâchent et procurent, malgré tout, l'avantage suivant : certaines femmes souffrant de tensions au niveau des muscles vaginaux peuvent utiliser ce moyen pour avoir des relations sexuelles et faciliter la pénétration.

Néanmoins, la consommation d'alcool ne semble pas être le remède idéal à une quelconque difficulté sexuelle, car la boisson a un effet de tolérance : si au début elle donne l'impression d'aider les femmes dans ce domaine, ces dernières devront ensuite augmenter les doses pour obtenir les mêmes effets. Un engrenage qui risque de mener à la dépendance.

Ce rapport entre sexualité et substances se révèle parfois plus complexe qu'on ne l'imagine.

Myriam, journaliste de 40 ans, grande consommatrice chronique de cannabis depuis l'âge de 17 ans, me confiait lors d'une consultation n'avoir jamais fait l'amour sans trois ou quatre « oinjs » – entendez : joints – préalables. Les rares fois où elle avait essayé, elle n'avait pas supporté le contact physique de son mari. Son odeur comme ses intentions lui avaient semblé insupportables, alors qu'avec l'aide du cannabis elle n'éprouvait ni crainte ni répulsion. Cependant, Myriam décida d'arrêter sa consommation et accepta une hospitalisation. Le couple se brisa peu après sa sortie de cure : les relations amoureuses physiques se révélaient impossibles. Ils se séparèrent. Myriam vécut alors une période complexe et agitée : elle s'enticha d'un amant fêtard et branché qui lui fit découvrir les ivresses cocaïnées et les folles nuits parisiennes. Elle savoura durant quelques semaines ces nouvelles aventures et ressentit, pour la première fois, des émotions qu'elle n'avait même pas soupçonnées du temps du cannabis et de sa vie de couple. Mais peu à peu, abus après abus, fête après fête, elle commença à éprouver un sentiment de dégoût envers elle-même et ses partenaires de jeux érotiques. Les pertes de contrôle et les amnésies qu'entraînaient les abus de cocaïne, d'alcool et de tranquillisants l'inquiétèrent un peu plus chaque jour et Myriam demanda à être réhospitalisée, seulement dix mois après son premier séjour à la clinique. Toutes les femmes n'ont, malheureusement, pas le réflexe d'autoprotection de Myriam.

Un quotidien parisien rapportait récemment, dans sa page « Société », l'histoire d'une mère entraînée par son second mari « dans une vie cul et came » et condamnée à quinze ans de réclusion criminelle pour le meurtre de ce dernier.

À la barre, cette secrétaire de 35 ans avait raconté son geste plus qu'elle ne l'avait décrit. Elle avait tiré sur l'homme aimé « parce qu'elle ne voyait pas d'autre solution ». Les experts psychiatres avaient confirmé la thèse de l'impasse psychologique : Géraldine ne supportait plus sa vie. Elle ne voulait plus vivre avec cet homme, mais elle était incapable de prendre une décision rationnelle. Incapable de le quitter, de demander le divorce. À ce moment-là, le tuer lui avait semblé la seule issue. Cette femme devenue criminelle avait cédé à tous les sacrifices pour celui qu'elle considérait comme son Dieu : elle avait raccourci ses jupes et s'était fait poser une nouvelle poitrine. Elle l'avait suivi dans ses pratiques d'échangisme et la fréquentation de plus en plus assidue de clubs de leur région. Elle avait dit qu'elle n'aimait pas cela, mais elle ne voulait pas le perdre. Elle voulait le séduire, tout le temps. Elle avait même accepté un ménage à trois avec un ami de son mari. La pente était d'autant plus glissante « qu'elle était saupoudrée de cocaïne ». En fait, la consommation des trois complices dépassait pour chacun les trois grammes par jour, sans compter le cannabis et les comprimés d'ecstasy ! Les voyages « cul et came » à Amsterdam s'étaient multipliés et, dans son réquisitoire, le procureur avait même proposé l'image d'un « bateau ivre échouant régulièrement au port d'Amsterdam pour se réapprovisionner ». Avant de tuer son mari, au retour d'un nouveau voyage en Hollande, Géraldine s'était dit en se regardant dans le miroir de sa salle de bains : « J'ai vu mon corps marqué par la drogue. J'ai pensé à mes enfants, dont je ne m'occupais quasiment plus. J'ai réalisé que c'était bientôt la rentrée scolaire et que je n'avais rien préparé. » Quelques minutes après, elle s'emparait du pistolet de son mari et lui tirait une balle dans la tête.

J'ai choisi ce fait divers pour plusieurs raisons. La première demeure celle que j'ai exposée au début de ce chapitre : les cas de « cul et came » trouvent aisément leur place dans de telles rubriques mais peinent à être publiés sérieusement dans des revues médicales ou psychiatriques, dans des articles spécifiques sur les liens entre drogue et troubles de la sexualité. Cette histoire me permet d'insister, encore une fois, sur le pouvoir déstabilisateur, parfois destructeur, de la cocaïne, hélas bien souvent sous-évalué dans notre pays. Cette réflexion vaut aussi bien pour les hommes que pour les femmes, mais la vulnérabilité de celles-ci dans un monde ou l'échangisme reste tout aussi fortement machiste que pseudo-élitiste les expose davantage que leurs partenaires mâles à de grands dérapages personnels, conjugaux, familiaux et sociaux.

Nous nous trouvons devant un obstacle majeur, pour ne pas dire dans une impasse lorsque nous sommes confrontés à des femmes tenant le discours suivant : « Si j'arrête la cocaïne, si je lui dis que je n'en veux plus, que je n'en peux plus, que je deviens folle, mon mari ne voudra plus avoir de relations sexuelles exclusives avec moi. Il ira voir ailleurs. C'est lui qui m'a fait découvrir tout ça. Je sais que c'est important pour lui. Il bosse beaucoup, il me gâte et je lui dois bien ça. Je ne veux pas le perdre, etc. » L'influence, pour ne pas dire l'emprise, d'un tiers, transpire à travers de tels propos. Souvent, il nous faut rappeler à l'une comme à l'autre qu'aimer c'est aussi protéger et non exposer toujours un peu plus son partenaire à de folles aventures sexuelles. La rencontre du sexe et de la cocaïne comporte des risques importants et graves. La folie cocaïne laisse supposer que tout reste toujours possible et insuffisant. Encore et encore. Encore et toujours plus. Les orifices humains imposent, organiquement, leurs limites ; les perversions induites par la cocaïne laissent supposer qu'elles peuvent être dépassées. La gynécologie en urgence ou la chirurgie rectale sont parfois nécessaires au bout de ce délire.

En raison de sa rapidité d'action, de sa capacité à faire perdre le sens critique et la raison, la cocaïne prend, peu à peu, la place de l'alcool.

Notons tout de même que la boisson se trouve souvent associée aux abus de stimulants, dont la cocaïne bien sûr, et qu'elle demeure, de par son accessibilité permanente, fréquemment présente lors de pratiques sexuelles extrêmes et violentes.

Sophie, 37 ans, célibataire tonique et avenante, infirmière en réanimation, buvait lorsqu'elle ne travaillait pas. Le passage aux 35 heures avec des journées de travail de douze heures ne lui avait guère convenu : elle assurait sa fonction, sans boire, trois jours de suite et se retrouvait « à lever le coude et la jambe » comme elle le disait, les quatre jours restants. Son joli minois et son indépendance apparente suscitaient bien des fantasmes au sein de son entourage, d'autant plus qu'une réputation sulfureuse la précédait. Les petites chaînes dorées à la cheville, le piercing sur la langue et sur le bout des seins ainsi qu'un collier et un bracelet cloutés achevaient de diffuser un parfum d'*Histoire d'O*. Son surnom, précisait-elle assez tristement, n'était pas Lèvres en feu comme dans le film *Mash*, mais So d'O. L'histoire de Sophie aurait pu se résumer à un simple dérapage libertin.

Son amant chirurgien, chef de service adulé, l'avait initiée et entraînée aux pratiques SM pendant quelques années avant de la laisser tomber pour une avocate bien moins soumise. Sophie avait été plus affectée qu'elle ne voulait l'avouer. Esclave meurtrie et trahie, elle avait décidé de devenir une maîtresse vénérée et impitoyable. Le monde de la médecine, tout comme celui du droit, de la politique, de la psychiatrie, de la télé, du cinéma ou encore de la direction d'entreprise, ne manque pas d'adeptes sexuels masochistes à la recherche de contre-pouvoirs pour se défouler de leurs responsabilités et pressions professionnelles. So d'O n'eut guère de mal à se constituer une clientèle qui ne disait pas son nom mais savait se montrer tout aussi généreuse qu'obéissante à son égard. La seule difficulté, mais non la moindre, qu'elle rencontrait était le progressif dégoût pour ces pratiques et surtout pour elle-même. Ce qu'elle avait jadis accepté et bien vécu – pensait-elle – par amour, elle ne le supportait plus, même pour tromper sa solitude et exercer une vengeance ridicule sur le sexe fort et traître. L'alcool avait rapidement masqué, anesthésié ses réticences et sa « désappréciation », son autodévalorisation. Il ne lui fut plus possible de pratiquer son art sadique sans boire une ou deux bouteilles de champagne qu'elle exigeait avec des fleurs avant chaque venue d'un de ces sujets qui se rêvaient objets. Au fil du temps, Sophie se perdit. Elle demeurait une excellente infirmière, mais hors de sa salle de réanimation elle ne supportait plus la solitude. L'alcoolodépendance se profilait à grands pas.

Je la fis hospitaliser, non pas pour assister médicalement un sevrage d'alcool, mais surtout pour lui permettre de sortir de ce cycle destructeur « boulot-So d'O-alcoolo ». Le séjour dura plus longtemps que prévu car émergèrent des troubles de l'identité et une addiction alimentaire qu'elle n'avait pas évoquée en consultation. Son rapport au corps et à la nourriture se révéla bien perturbé. Elle souffrait, depuis l'âge de 13 ans, d'une boulimie accompagnée de périodes de jeûne rédempteur de deux à cinq jours. Un an après cette première hospitalisation, Sophie cessa de jeûner, fut transférée dans un autre hôpital et, enfin, se débarrassa de toutes les affaires de So d'O.

Pour clore ce chapitre, je voudrais insister sur cette difficulté sociale et médicale que nous rencontrons à parler couramment et librement de sexualité. Le silence ou une trop belle pudeur ne sont jamais très éloignés des sentiments de honte et de faute. Je demeure encore plus consterné par l'absence d'information et de prévention sur le sujet du sexe et des drogues. Notamment auprès des femmes.

Consommer des drogues modifie inévitablement le fonctionnement intime et la relation aux autres. Consommer des drogues transforme la sexualité – en termes de désinhibition, de violence, de délire, etc. – et favorise de nombreux risques. Des risques psychologiques mais aussi physiques qui se traduisent parfois par la transmission d'infections sexuelles. Nous ne le rappellerons jamais assez, il faut absolument éviter toute consommation de drogues, quelles qu'elles soient, malgré les effets euphorisants qu'elles procurent.

Respecter l'intimité et la discrétion de nos patientes ne veut pas dire se taire. N'est-il pas temps d'en finir avec le monde du silence ?

III

FEMMES
ET COMPORTEMENTS ADDICTIFS

1

Dépendance affective et amoureuse : pas de moi sans toi

J'ai rencontré Karine il y a trois ans, lors d'une consultation classique. Elle avait pris rendez-vous à la clinique pour une addiction aux médicaments.

Chaque soir, après avoir couché ses enfants, elle avalait une barrette de Lexomyl, puis trois comprimés de Stilnox pour parvenir à trouver le sommeil. Chaque soir, depuis cinq ans. Elle gardait toujours ses comprimés à portée de main au cas où une angoisse viendrait la submerger en cours de journée. Elle n'hésitait pas alors à reprendre ses somnifères à 10 heures ou à 15 heures. Parallèlement à cette consommation massive, elle suivait un traitement antidépresseur.

À trente-huit ans, Karine vivait seule avec ses deux filles de 10 et 6 ans, dans un immense loft situé au cœur d'une banlieue chic de l'Ouest parisien. Secrétaire dans un cabinet d'avocat, elle avait épousé à 25 ans Philippe, son patron, un ténor du barreau de huit ans son aîné. Cet homme charismatique et protecteur l'avait immédiatement prise « sous son aile » professionnelle puis affective. Petit à petit, leur relation s'était transformée et, très vite, elle avait accepté de partager la vie de son nouvel amant. Toute sa vie. « Avec le recul, je me suis rendu compte que je n'étais jamais tombée amoureuse de lui. Je me sentais tellement paumée à l'époque que j'aurais dit oui à n'importe qui. Je cherchais un père ou une mère, mais pas un mari, m'avait-elle expliqué. Juste quelqu'un à qui je pourrais dire sans cesse : pas de moi sans toi. »

Karine avait perdu son père à l'âge de 12 ans. Un père absent, alcoolo-dépendant, qui rentrait à la maison de façon très épisodique. Quant à sa mère, avant tout préoccupée par sa réussite professionnelle et par ses nombreux amants, elle n'avait jamais consacré de temps à sa fille. Karine avait alors grandi seule, cherchant désespérément à combler un manque affectif à travers ce qu'elle croyait être l'amour des autres : celui de ses amants, de ses collègues ou encore de ses amis. Jusqu'au jour où elle rencontra Philippe, celui qui allait devenir son mari. Dix ans de bonheur, de tranquillité et de sécurité affective. « Je m'accrochais viscéralement à sa protection et à son amour. Plus les jours passaient, plus j'avais l'impression que le vide, le gouffre intérieur que j'avais toujours ressenti se remplissait. »

Karine et Philippe n'entretenaient pas véritablement de relation amoureuse malgré la naissance de leurs deux enfants. Elle était « sa petite fille », son bébé, « l'aînée des trois », comme elle se plaisait à le dire. Malgré l'harmonie qui régnait entre eux, elle vivait avec la peur constante de le perdre. « J'avais l'impression que je n'étais pas assez bien pour lui, qu'un jour il me quitterait pour une "vraie" femme. » Alors, pour éviter qu'il ne l'abandonne, Karine avait petit à petit gommé sa personnalité pour coller aux désirs de son mari. Elle avait accepté de l'accompagner à tous ses dîners professionnels, alors qu'elle détestait les mondanités. Pour lui, elle avait fait l'effort de changer entièrement sa garde-robe, délaissant ses vêtements de teenager pour revêtir des tenues de « femme », d'aller chez un coiffeur réputé deux fois par semaine, d'engager un préparateur physique et d'apprendre à se maquiller différemment. Pour lui, elle avait même accepté de laisser tomber quelques-unes de ses amies d'enfance qui ne trouvaient pas grâce aux yeux de Philippe. Bref, par amour, Karine s'était métamorphosée, sans ivresse, sans plaisir, seulement par peur de l'abandon.

Paradoxalement, tout en lui apportant sa protection, son mari entretenait cette dépendance. Une dépendance tout d'abord financière, qui consistait à lui assurer un quotidien et un train de vie aisés. Il lui avait d'ailleurs demandé d'arrêter de travailler : « Tu n'as plus besoin d'argent, lui avait-il dit, je suis là maintenant. » Mais aussi une dépendance affective qui se traduisait souvent par ces mots : « Que ferais-tu sans moi ? » Sous-entendu : rien. Et elle avait fini par s'en persuader. Jusqu'au jour où ce qui devait arriver arriva : Philippe tomba éperdument amoureux d'une « vraie » femme avec laquelle il entretint une relation aussi passionnelle que charnelle. Il quitta la maison tout en maintenant Karine sous sa coupe, continuant d'une part de lui assurer un niveau de vie équivalent à celui qu'elle avait lorsqu'ils étaient mariés et, d'autre part, de lui téléphoner plusieurs fois par jour et de déjeuner avec elle au moins une fois par semaine.

Malgré la poursuite de leurs relations, Karine s'était sentie abandonnée, rejetée et avait plongé dans une profonde dépression. Trois ans après leur séparation, elle continue de vivre à travers cet homme et craint toujours de le perdre. Jusqu'à présent, elle se dit incapable de refaire sa vie et, surtout, de vivre sans lui. « S'il oublie de m'appeler une journée, je commence à paniquer et je me dis qu'il m'a effacée de sa mémoire. J'ai sans cesse besoin de le sentir près de moi. Je suis en manque de lui, comme une droguée. »

De nombreuses interprétations psychologiques du cas de Karine pourraient être proposées, notamment celle d'une impossibilité à grandir, d'une immaturité, d'une incapacité à vivre tranquillement avec l'absence de l'autre et surtout avec elle-même. Elle ne vivait pas avec les autres, mais, tel un bébé éternel, dans les autres. Sans cette bulle aussi maternelle qu'invivable, le monde entier devenait un danger.

Quand je la revis, trois mois après l'avoir confiée à un ami psychiatre expérimenté et chaleureux, elle m'avoua se sentir beaucoup mieux et éprouver moins d'angoisse. Elle avait enfin compris que l'absence de l'autre n'était pas forcément sa perte. Elle avait aussi commencé à se confronter à sa propre pensée et à découvrir ses propres envies ou non-envies personnelles. En un mot, elle avait accepté de grandir sans s'acharner à essayer de réparer les blessures et les manques de son enfance.

Le manuel diagnostique et statistique des troubles mentaux, le DSM-IV, ne reconnaît pas la « dépendance affective » mais évoque plutôt un trouble de la personnalité dépendante, décrit comme un besoin excessif d'être pris en charge. Il correspond à un comportement soumis et « collant » ainsi qu'à une peur de la séparation.

Huit critères définissent cette pathologie. Si au moins 5 d'entre eux se manifestent, nous pouvons considérer qu'il y a dépendance :

1. Le sujet se trouve dans l'incapacité de prendre des décisions par lui-même et s'en remet, généralement, à un tiers.
2. Il a besoin que d'autres assument les responsabilités dans la plupart des domaines importants de sa vie.
3. Il a du mal à exprimer un désaccord avec autrui de peur de perdre son soutien ou sa désapprobation.
4. Il a du mal à initier ses projets ou à faire des choses seul, par manque de confiance en son propre jugement ou en ses propres capacités plutôt que par manque de motivation ou d'énergie.
5. Il cherche à outrance à obtenir le soutien et l'appui d'autrui au point de se porter volontaire pour faire des choses désagréables.
6. Le sujet se sent mal à l'aise ou impuissant quand il est seul par crainte exagérée d'être incapable de se débrouiller.
7. Lorsqu'une relation proche se termine, il cherche de manière urgente une autre relation qui puisse assurer les soins et le soutien dont il a besoin.
8. Il est préoccupé par la crainte d'être abandonné.

Notons que les dépendants affectifs peuvent vivre cette addiction en dehors d'une relation de couple, c'est-à-dire avec un ami ou un parent.

Nous nous limiterons, pour notre part, à tenter de définir la dépendance amoureuse chez la femme. Si cette dernière semble plus souvent victime de cette addiction, c'est parce qu'elle s'investit davantage que l'homme dans sa vie affective. Le poète Byron n'écrivait-il pas : « L'amour est pour un homme une chose à part », sous-entendu il semble plus intéressé par sa réussite sociale et professionnelle, « tandis que pour la femme, c'est toute son existence ». Nous devons cette distinction des rôles en partie à l'éducation religieuse dans nos sociétés. Pour ne prendre que l'exemple catholique et européen, je m'attarderai quelques instants sur ces lignes écrites au milieu du XXe siècle par la bien nommée Marie-Madeleine Defrance : « L'égalité d'intelligence entre l'homme et la femme n'existe pas. Elle irait directement contre le rôle providentiel de celle-ci. Ce n'est exclusivement ou généralement, ni dans l'art, ni dans la science, ni dans les découvertes, ni dans les lettres, ni dans la domination que la femme atteindra sa fin : elle est ordonnée de corps et d'âme pour la maternité ou pour le sacrifice dans le dévouement. Rôles sublimes auxquels elle n'apportera jamais trop de compétences, donc d'intelligente préparation[1]. »

Quelle belle injonction à la soumission !

Plusieurs indices permettent de déceler la dépendance affective :

- ✔ Lorsque la femme éprouve le besoin de rester en contact permanent avec l'être aimé, par téléphone, par exemple.
- ✔ Le tout ou rien : c'est-à-dire l'amour fou quand tout va bien ou l'état d'alerte dès qu'un grain de sable vient enrayer la relation.
- ✔ Le manque flagrant d'intérêt pour sa propre vie. Tout ce qui importe, c'est l'autre.
- ✔ Le besoin de s'effacer pour ne pas déranger.
- ✔ Le dévouement acharné : la femme oublie ses propres

1. Marie-Madeleine DEFRANCE, *La Psychologie des filles pour l'instruction des garçons*, Éditions familiales de France, 1947.

désirs et même son existence pour se consacrer uniquement à son partenaire.

- ✔ Le manque de dignité : larmes, cris, menaces, chantage, tout est bon pour garder l'autre.
- ✔ L'isolement : la femme s'enferme dans une relation avec l'être aimé au point de délaisser toute vie sociale, affective ou familiale.

Cette forme d'addiction puise souvent sa source dans la nature même de la relation dont elle se nourrit. Autrement dit, ces histoires ne se vivent jamais seul mais à deux. Les couples se trouvant dans cette situation se complètent, d'ailleurs, très souvent : des femmes fragiles à la recherche d'hommes forts. À l'inverse, des hommes puissants attirés par des femmes soumises sur lesquelles ils peuvent exercer leur pouvoir et leur supériorité. En effet ces femmes s'attachent, le plus souvent, à des hommes que je qualifierais d'« abuseurs » inconscients dont la volonté de trop protéger masque leur désir de domination et de soumission.

L'un ne va pas sans l'autre : il n'existe pas de bourreau sans victime, de protecteur sans protégée, de dévouée sans égoïste. Un équilibre que le psychanalyste Jacques Lacan définissait par cette phrase : « Dans un couple, chacun est le symptôme de l'autre. » Un conjoint inconsciemment ou instinctivement manipulateur saura repérer chez sa partenaire la faille ou la vulnérabilité qui permettra la dépendance, la mise en œuvre d'un processus d'emprise.

Tout commence par une petite phrase dévalorisante, une petite attaque verbale qui, progressivement, diminue la confiance de la femme et l'empêche de se défendre. Petit à petit, elle perd tout sens critique, comme si son esprit était colonisé. Elle est incapable de prendre une décision ou de réagir, et ce jusqu'à la déstabilisation totale. La femme ne sait plus qui elle est, ni ce qu'elle vaut. Si par exemple son compagnon remarque qu'elle manque de confiance en elle, il s'arrangera pour faire une réflexion sur son apparence physique ou la comparera à d'autres femmes plus jolies ou plus intelligentes qu'elle. Si elle souffre d'insécurité affective, il s'amusera à la maintenir dans cet état en lui laissant croire qu'il pourrait bien vivre une aventure extraconjugale, et ainsi de suite, mettant en route le phénomène de peur, pour ne pas dire de paranoïa, très fréquent dans la dépendance affective.

Nous pouvons appeler cela de la violence psychologique. Elle se manifeste, parfois, de manière plus grave par une série d'attitudes, de propos humiliants et méprisants, renvoyant la femme à une image déplorable d'elle-même. Souvent subtile, cette forme de violence se révèle difficile à identifier. Elle atteint d'autant plus les femmes qu'elle s'attaque à leur image et à l'estime personnelle qu'elles ont d'elles-mêmes. Sachant que ces dernières sont parfois conditionnées à définir leurs valeurs personnelles à travers le regard des autres et, en particulier, celui des hommes, elles peuvent se retrouver facilement affaiblies, voire détruites.

Cette addiction relève bien souvent d'une réaction à une situation de déséquilibre émotif, car la plupart de ces femmes souffrent, en effet, d'une grande insécurité affective et d'un manque de confiance en soi. C'est pour cette raison notamment qu'elles choisissent rarement leur compagnon. Elles n'en tombent pas amoureuses parce qu'elles sont séduites par leurs qualités, mais tout simplement parce que ces hommes leur ont fait la « faveur » de les remarquer, de les choisir. Elles ne peuvent exister, ni se réaliser autrement que dans le regard de l'autre. Elles n'imaginent pas non plus qu'on puisse les aimer pour ce qu'elles sont et, de ce fait, se sentent obligées de s'effacer et/ou de tout donner pour garder leur conjoint. L'angoisse de la solitude et la crainte de l'abandon, souvent enracinées dès le plus jeune âge, préparent également le terrain à cette dépendance. Mieux vaut s'accrocher à n'importe qui plutôt que de risquer de couler ; mieux vaut souffrir aux côtés d'un homme plutôt que de vivre seule : telles pourraient être leurs devises.

La plupart d'entre elles avouent malgré tout trouver dans ces relations de nombreux bénéfices secondaires. Comme me l'expliquait Karine : « J'ai été gâtée, protégée, aimée plus que je ne l'aurais jamais imaginé. J'avais l'impression que mes vieux démons s'étaient éteints, que la "bête" de l'abandon qui me rongeait depuis toujours s'était enfin assoupie. Les déplaisirs qu'occasionnait cette histoire et les sacrifices qu'il m'a fallu faire valaient largement le bonheur et la sérénité que cet homme m'a apportés. » Puis elle conclut par ces mots : « J'aurais pu vivre comme ça toute ma vie ! » Dans le cas de Karine, la dépendance à son mari ne revêt aucun caractère dangereux : pas d'abus de pouvoir ni de violences physiques, mais au contraire une réciprocité de sentiments et une bienveillance de part et d'autre.

C'est sur le riche terreau des relations parents-enfants que la dépendance affective de Karine mais également de nombreuses femmes trouve son point d'ancrage. N'ayant pas obtenu dans leur enfance une sécurité affective suffisante de la part de leurs parents, ces femmes ne se pensent pas dignes d'être aimées et sont prêtes à tous les renoncements pour avoir le droit à un peu de bonheur et d'amour.

Quand ces patientes finissent par reconnaître que leur conjoint était un manipulateur, qu'elles l'ont choisi pour cette raison, alors elles peuvent espérer sortir de cette dépendance. C'est pourquoi la prise en charge psychologique me semble indispensable afin d'analyser les mécanismes affectifs qui obligent, souvent, à remonter aux premières années de la vie.

Si nous comprenons les raisons qui poussent ces femmes à rester, envers et contre tout, dans une relation de dépendance à ces hommes, cela semble moins évident lorsqu'elles vivent aux côtés de maris violents et alcoolo-dépendants. La logique voudrait qu'elles s'enfuient à la première main levée sur elles ou au verre de trop, et pourtant c'est généralement l'inverse qui se produit.

Dépendance à un conjoint violent

Face à des récits parfois terrifiants de violences physiques et psychologiques subies par certaines femmes, il semble incompréhensible de les voir rester.

Comment lire ces processus de conditionnement, d'emprise exercés par des hommes sur des femmes qui, bien que terrorisées, ne parviennent pas à quitter leur conjoint violent ? Comment ces femmes sont-elles amenées à tolérer l'intolérable ? Nous pouvons alors légitimement nous poser la question suivante : sont-elles consentantes ? Ressentent-elles une sorte de satisfaction masochiste à souffrir de la sorte, à devenir des objets de sévices ?

Avant de poursuivre, précisons que les actes de violence peuvent être exercés aussi par des femmes. Cependant, pour des raisons tenant à la structure même de notre société qui conditionne les hommes à occuper, naturellement ou par la force – s'ils n'y arrivent pas autrement –, un rôle dominant, les auteurs de ces actes sont des hommes dans 98 % des cas recensés.

Tout commence sur les bases d'une relation amoureuse normale. L'homme séduit, se montre attentionné, prévenant et peut même donner l'impression à la femme qu'elle est unique et indispensable dans sa vie. La fragilité dont il fait parfois preuve vis-à-vis d'elle, le besoin constant de sa présence, développe chez elle son instinct maternel. Elle se sent utile. Enfin elle existe ! Par ce biais, l'homme ne cherche jamais, au départ, à détruire sa compagne, mais à la soumettre et à la posséder. Il espère la dominer, la contrôler. Puis une fois qu'il a le sentiment de l'avoir « ferrée », il se détache progressivement. Cette première phase d'éloignement se manifeste par de longs silences qui la torturent, des absences prolongées qui l'inquiètent ou encore des menaces. La pression augmente si, par malheur, la partenaire ne se comporte pas comme il le souhaiterait. Pour éviter le moment critique de « l'explosion », elle va surveiller ses moindres faits et gestes, s'ajuster aux besoins de son conjoint pour éviter de le contrarier. Elle va également développer un sentiment de peur qui risque de précipiter les choses, car, au moindre faux pas, l'homme perd le contrôle de lui-même. Il utilise alors toute une série d'attitudes et de propos visant à la dénigrer. Ces tentatives de dévalorisation peuvent toucher l'apparence physique, point faible chez la femme, alors que chez l'homme cela concernerait davantage les capacités sexuelles. Elles visent également à atteindre l'estime de soi par des propos blessants et humiliants.

D'autres procédés employés par l'homme et relevant de la violence psychologique sont destinés à soumettre la femme :

- ✔ L'isolement qui consiste à l'empêcher de voir ses amis, sa famille et même de travailler afin de mieux se consacrer à lui.
- ✔ L'indifférence aux demandes affectives, c'est-à-dire que l'homme se montre insensible, indifférent envers sa partenaire ou crée intentionnellement une situation de manque et de frustration pour la maintenir dans l'insécurité.
- ✔ L'enfermement dans une situation de dépendance économique.
- ✔ L'intimidation sous toutes ses formes.
- ✔ L'acte de violence peut être physique, psychologique ou sexuel. La femme se sent démunie et n'ose se rebeller de crainte de s'exposer à de nouvelles brutalités.

Intervient ensuite la période où l'homme minimise la gravité de la situation en évoquant, par exemple, ses problèmes professionnels. Il tente de convaincre sa conjointe en lui expliquant qu'elle dramatise la situation. Face aux justifications de son partenaire, celle-ci consent à oublier sa colère, se persuade qu'elle a eu tort, puis se perçoit alors comme la responsable des comportements de l'être aimé. Elle espère que, en modifiant ses propres attitudes, la violence disparaîtra. C'est alors que s'opère la dernière phase, celle de la réconciliation. Le conjoint s'excuse et promet de ne plus jamais recommencer. La femme a l'impression de retrouver l'homme qu'elle aime. Elle reprend espoir puis la vie suit son cours.

Mais l'accalmie est de courte durée. Très vite, les crises recommencent, puis se répètent de plus en plus fréquemment. Peu à peu, la conjointe perçoit la violence comme normale et justifiée. Elle se vide totalement de son énergie et se conditionne à vivre de la sorte.

Pour supporter la violence conjugale, plus de la moitié des femmes maltraitées consomment des médicaments – analgésiques, anxiolytiques, antidépresseurs et hypnotiques – auxquels se rajoute fréquemment une consommation abusive de tabac et d'alcool.

70 % manifestent des symptômes de dépression : larmes faciles, profond sentiment de tristesse ou de solitude.

50 % sont victimes de réelles dépressions caractérisées par une perte d'estime de soi, des troubles du sommeil et de l'alimentation ainsi que des idées suicidaires. Ces dépressions peuvent être la conséquence directe d'une impossibilité pour la femme de fuir le contrôle ou le pouvoir de son partenaire qui la maltraite. Elle peut éprouver également le sentiment que la vie de couple arrive à son terme, ce qui provoque chez elle une grande incertitude face à l'avenir.

Ces femmes se rencontrent dans tous les groupes socioculturels. Elles ne présentent pas de failles évidentes et profondes qui les rendraient susceptibles de se laisser enfermer dans une telle relation. Toute femme, quelle que soit sa personnalité ou sa position sociale, peut subir la violence de son conjoint, mais certains facteurs de vulnérabilité facilitent parfois « l'accrochage » avec ce type d'hommes violents.

Les études prouvent que les femmes ayant connu la maltraitance physique ou morale dans leur enfance courent un risque plus important de se trouver, à leur tour, victimes de violences conjugales. Tous les spécialistes s'accordent à dire qu'un traumatisme passé a préparé le terrain et que, derrière le persécuteur actuel, se cache souvent un autre persécuteur de l'enfance. Comme si ces femmes avaient gardé une nostalgie inconsciente de cette période. Je ne le pense pas. Ce traumatisme antérieur a affaibli leurs défenses et, de ce fait, elles savent moins bien se protéger que d'autres. Cette fragilité liée à des douleurs passées s'explique par le fait qu'un conditionnement à la violence dès l'enfance prédispose à une dépendance du même type dans la vie future. D'autres femmes n'ayant pas reçu suffisamment d'amour de la part de leurs parents ne se pensent pas dignes d'être aimées et seront prêtes à tous les renoncements pour avoir droit à la plus petite attention.

Nous avons expliqué précédemment que la majorité d'entre elles recherchait inconsciemment le même type de partenaires. Mais qui sont-ils ces hommes capables d'une telle violence ?

Les premières études sur la violence domestique ont tenté d'établir un fondement neurologique aux comportements violents et cherché en vain à localiser la violence dans une région spécifique du cerveau humain. Nous savons seulement que, au niveau endocrinien, un taux élevé de testostérone, l'hormone mâle, risque de conduire à la violence. Cette explication me semble cependant insuffisante pour en tirer des généralités.

Sur un plan sociologique, nous nous sommes appuyés, depuis le début de cet ouvrage, sur l'idée que notre société octroie aux hommes une position de pouvoir, de force et d'autorité, alors qu'elle attribue aux femmes des comportements typiquement féminins, telles la douceur, la passivité, l'abnégation. La seule conclusion que nous pouvons établir se limite à affirmer que, en effet, les hommes sont plus enclins à la violence que les femmes. Ce qui n'implique pas que tous les hommes soient violents.

En revanche, un fort pourcentage d'hommes violents auraient souffert de maltraitance dans leur enfance. Depuis 1990, plusieurs études ont mis en évidence une corrélation nette entre les traumatismes psychologiques subis au cours de l'enfance et certains troubles de la personnalité. Cependant, tous les hommes violents n'ont pas subi de traumatisme dans l'enfance. De la même façon, tous les hommes ayant subi des maltraitances ne sont pas devenus, à leur tour, violents.

La seconde théorie consiste à dire que ces comportements s'acquièrent par l'observation des autres, notamment du père. Si un enfant a vu son père battre sa mère, la violence constituera pour lui une norme et fera partie de son mode de fonctionnement. Il prendra alors l'habitude de réagir de la sorte chaque fois qu'il ressentira le besoin de soulager ses tensions.

D'une façon générale, la personnalité d'un sujet est influencée par son éducation, son environnement familial et social. Ces hommes sont très souvent marqués par une peur infantile de l'abandon. Aussi, toute situation évoquant une séparation suscite chez eux des sentiments de peur, de colère et donc, parfois, de violence sur leur partenaire. Mais, paradoxalement, tout en redoutant qu'elles ne les abandonnent, ils créent chez elles des comportements de rejet et de fuite.

Malgré la souffrance que ces femmes endurent, la plupart hésitent à partir. Au moment d'envisager la rupture, elles se rétractent, craignant plus que tout de se retrouver seules, d'affronter seules les difficultés financières et surtout de mettre en péril l'équilibre des enfants. Leur difficulté à franchir le cap de la séparation remonte à un passé pas si lointain, quand les femmes devaient taire leurs désirs pour être conformes aux attentes de la société et surtout de leur mari. Beaucoup de femmes issues de l'ancienne génération pensent que pour garder un homme, il faut lui être soumise et faire preuve d'abnégation, s'oublier et ne vivre que par et pour l'autre.

Pour évoquer une situation d'emprise, le DSM-IV parle d'endoctrinement ou de lavage de cerveau.

Il la définit comme une relation de soumission destinée

à détruire l'autre, considérée comme un objet, au moyen de toutes sortes de stratégies de domination et de manipulations diverses plus ou moins subtiles : humiliations, mensonges, promesses, culpabilisation, refus du dialogue.

Il ne semble pas évident de comprendre pourquoi plus ces femmes subissent de maltraitances, moins elles ont tendance à fuir. En fait, elles ne possèdent plus les moyens psychologiques de partir. Dès lors qu'elles se retrouvent dans une situation où leur existence est mise en danger, dès lors qu'elles pensent ne posséder aucune défense, aucun moyen de s'en libérer, elles finissent par s'identifier à leur partenaire et voient le monde à travers lui. La difficulté que rencontrent ces femmes à s'affranchir d'un conjoint violent peut s'apparenter au syndrome de Stockholm qui, rappelons-le, se définit par la propension des otages partageant longtemps la vie de leurs geôliers à adopter peu ou prou le point de vue de ceux-ci.

Cette dépendance peut durer de longues années et se prolonger même après une séparation. Elle s'explique par la mise en place de mécanismes neurobiologiques et psychologiques pour éviter de souffrir et obtenir un certain apaisement. L'un des plus vieux réflexes « antidouleur » de l'espèce humaine n'est-il pas de nier, d'occulter la souffrance ? De plus, dans la relation de couple, l'alternance entre les périodes de crises, de disputes et les périodes de réconciliation, crée un système de punition-récompense. Si, à la suite d'un conflit, la femme décide de quitter son conjoint, elle est immédiatement rattrapée par des excuses sans fin, des déclarations d'amour ainsi que des promesses ou des regrets, lui donnant l'illusion d'être aimée, valorisée. L'illusion que tout va repartir de zéro. Elle ne peut alors s'empêcher d'y voir un signe d'espoir et de changement. Elle pardonne. Si, en plus, surgit une petite phrase du style : « Que ferais-tu sans moi ? » ou encore « Arriverais-tu à vivre sans moi ? », elle ne pourra alors s'empêcher de penser que sans lui, effectivement, elle n'y arrivera jamais.

Dépendance à un conjoint alcoolo-dépendant

Nous pourrions nous poser les mêmes questions au sujet des épouses d'hommes alcoolo-dépendants et frappeurs.

Pourquoi ces femmes ne mettent-elles pas fin à leur relation conjugale et, surtout, comment justifient-elles le fait de rester auprès de leur partenaire malgré la dépendance à l'alcool qui affecte ces derniers ?

Voici ce que me raconta Marine, 35 ans, le jour où elle arriva en larmes à la clinique pour échapper aux menaces de mort de son conjoint : « La violence de mon mari commença trois jours après notre mariage. Auparavant, nous vivions chacun de notre côté, tout en nous voyant chaque jour ou presque pendant six mois. C'était un homme charmant et galant qui me couvrait de cadeaux dès qu'il en avait les moyens – il était facteur. À cette époque, je travaillais dans un hôpital en qualité d'aide-soignante. Mes horaires étaient contraignants puisque j'acceptais souvent des gardes la nuit et de travailler les jours fériés. Pourtant, il ne me demanda jamais d'arrêter, et ne me fit jamais la moindre réflexion. Au contraire, me disait-il, plus nous gagnerons d'argent, plus nous serons heureux. Avec le recul, je compris que cette situation l'arrangeait bien. En fait, on se voyait tous les après-midi, ce qui lui permettait de boire le soir. Tous les soirs. Je remarquais qu'il aimait bien l'alcool, en particulier le whisky, mais je me disais que j'avais rencontré un bon vivant et cette idée me plaisait.

« Au fond, c'était un homme malheureux au passé familial très lourd. Son père avait quitté le domicile conjugal lorsqu'il avait 10 ans. Sa mère l'avait gardé puis placé un an plus tard dans un centre car, disait-elle, elle n'avait pas les moyens financiers de l'assumer. Il fut donc ballotté de foyer en foyer et n'eut pas la chance de connaître la douceur d'une vie familiale. Pendant longtemps, j'ai toléré ses écarts en me disant qu'il avait traversé des moments pénibles dans sa vie. Bref, je m'arrangeais toujours pour lui trouver des circonstances atténuantes et même des excuses.

« Quelques jours après notre mariage, il commença à devenir agressif à mon égard sans véritable motif, si ce n'est qu'il buvait de plus en plus et de plus en plus souvent. J'avais l'impression d'avoir deux maris : un ange – quand il était à jeun – et un démon quand il était saoul. Il m'insultait, me dévalorisait, cassait tout dans la maison. Je m'obstinais, malgré tout, à lui donner raison même si je savais qu'il avait tort, de façon à ne pas l'énerver davantage. Je devais me tenir à sa disposition. Il m'interdisait de sortir, d'aller travailler, de voir mes amies. Je lui obéissais car je me sentais coupable. J'étais persuadée qu'il se comportait de la sorte parce que je n'avais pas su m'y prendre avec lui. Je culpabilisais aussi d'être pudique dans nos rapports sexuels, ce qu'il me reprochait régulièrement. Lorsque je lui demandais les raisons de son comportement, il me répondait que tout était de ma faute. Si j'insistais, il m'ordonnait de me taire, m'accusant de chercher la dispute. Alors je me taisais jusqu'à ce qu'il revienne vers moi, et là, j'oubliais tout. Parfois, lorsque nos relations dégénéraient, je craquais et allais me réfugier dans ma famille, mais il revenait me chercher en pleurant et en me promettant qu'il allait se faire soigner et qu'on allait recommencer à “faire plein de choses” ensemble. En fait, il m'achetait avec ses promesses. Son cinéma durait deux jours, trois jours, puis il recommençait. Mais un matin, à la suite d'une dispute, il leva la main sur moi. Il voulait acheter une nouvelle maison et je refusai. C'était la première fois que je m'opposais à lui. Il commença par briser les vitres, puis il se tourna vers moi et me donna un coup de poing. À partir de ce jour, même à jeun, l'ange que j'avais connu disparut définitivement pour laisser place au démon.

« Cela fait trois ans que j'endure cette situation : trois ans de terreur, d'angoisses permanentes et de violences au quotidien. Mon entourage se doute que je ne vais pas bien, mais je laisse croire que nous rencontrons des problèmes financiers qui nous gâchent un peu la vie. Je sais que personne autour de moi n'est dupe, mais par discrétion, sans doute, ils ne cherchent pas à en savoir davantage. En fait, jusqu'à aujourd'hui je redoutais la solitude, j'avais l'impression de ne jamais pouvoir m'en sortir si je le quittais. Mais ce matin, alors que je me maquillais, il a commencé à m'insulter et à me traiter de pute. Puis, comme je ne répondais pas, il m'a attrapé le bras, m'a fait tomber à terre puis a commencé à me battre. Je ne sais pas pourquoi, mais à cet instant même j'ai réalisé que je ne pouvais plus vivre comme ça. Je lui ai alors annoncé que je le quittais. Deux minutes plus tôt, cette idée ne m'avait même pas traversé l'esprit. Il est devenu fou, il a couru vers le garage en hurlant qu'il allait chercher la carabine pour me tuer. Je me suis enfuie de la maison. »

Nous avons hébergé Marine à la clinique puis l'avons adressée à une association pour femmes battues.

Il semble difficile de poursuivre cette histoire sans aborder la question du rôle de la société face à ce genre de situation. Quelles « issues » propose-t-on à ces femmes victimes de violences conjugales ? Les solutions varient, en fait, d'un pays à l'autre, d'une culture à l'autre. En France, la femme battue se trouve dans l'obligation de fuir la maison pour échapper aux menaces de son mari. Dans certains pays, elle est immédiatement lapidée alors que dans d'autres, notamment en Israël, le mari violent se voit contraint de quitter le domicile conjugal, sur intervention de la police.

Marine, elle, n'a d'autres solutions que de fuir et de se réfugier quelques jours dans un centre spécialisé. Lorsque j'ai appelé la directrice pour m'enquérir de la santé de ma protégée, j'appris qu'elle avait réintégré le domicile conjugal. Son mari l'avait suppliée de rentrer, sinon, lui avait-il dit, « il allait mettre fin à ses jours ».

Vivre avec une personne dépendante de l'alcool est une situation difficile qui engendre de multiples interrogations et remises en question. La femme se demande si elle est responsable de la situation, utilise tous les subterfuges pour cacher la vérité à son entourage – ce qui ne se voit pas n'existe pas –, passe en revue les moyens et les solutions pour aider son mari à sortir de sa dépendance.

Ces femmes sont, tout d'abord, conduites à vivre un long processus de reconnaissance de la maladie qui affecte leur conjoint. Dans un premier temps, elles ont tendance à banaliser fortement la consommation de boissons alcoolisées, qui plus est dans notre pays où l'alcool est considéré comme une habitude anodine, voire un mode de vie tout à fait conforme aux usages. Cette phase de banalisation passée, l'épouse se rend compte du caractère problématique d'une consommation d'alcool excessive. L'inquiétude prend alors le dessus, mais parallèlement à l'évolution de la maladie s'installe un processus appelé codépendance : une suite d'attitudes et de réactions que ces femmes adoptent pour aider leur partenaire à arrêter la boisson, mais qui finalement les épuisent. Tout en leur cherchant des circonstances atténuantes : « c'est à cause de son enfance » ou encore « il travaille trop », elles se rendent responsables de la situation et de la dégradation du couple. « C'est de ma faute, je ne lui ai pas donné assez d'amour, je ne suis pas assez femme, ou je ne suis pas une bonne mère. » Elles peuvent aussi décider de prendre les rênes de la situation en contrôlant la consommation de leur mari. Cela se traduit par une vérification quotidienne et systématique des allées et venues, par un contrôle de l'haleine, par des fouilles dans le coffre de la voiture, le garage, le sac de voyage, à la recherche du moindre indice révélant qu'il a bu ou qu'il boira. Durant cette période, particulièrement pénible, l'humeur de l'épouse varie en fonction de celle de son mari ; les phases d'espoir, quand il n'a pas bu une goutte depuis trois jours, succèdent aux phases de doute et de désespoir quand il s'écroule, l'haleine fétide et l'œil vitreux, sur le canapé du salon.

Lorsque toutes les tentatives ont échoué, lorsque la situation devient insupportable, ces femmes qui n'ont plus rien à perdre laissent libre cours aux reproches : « Si tout va mal, c'est à cause de lui. Si je suis malheureuse, c'est à cause de lui. » En dernier recours, elles utilisent aussi le chantage : « Si tu continues à boire, je demande le divorce. » Mais là aussi, rares sont celles qui mettent leurs menaces à exécution. Et toujours pour les mêmes raisons : par peur de la solitude. Par culpabilité, surtout.

Face à leur impuissance, les épouses n'ont d'autre moyen que d'atténuer leur propre souffrance et d'essayer de vivre avec cette dépendance. Cette dernière étape se caractérise par une attitude de résignation qui consiste à accepter l'alcoolo-dépendance de leur mari comme une réalité immuable à laquelle elles devront nécessairement s'accommoder dans le but de rendre le quotidien supportable.

La femme va vivre alors d'importantes transformations, tant au niveau identitaire que comportemental. En effet, pour pouvoir s'adapter à la maladie du conjoint, elle doit faire le deuil de son identité d'« épouse normale » pour en arriver à accepter celle de « compagne d'un conjoint alcoolique » : devenir, entre autres, la maman, la maîtresse d'école à défaut d'être la femme ou l'amante.

Toutefois, et malgré ces ajustements, elle n'échappe pas à la souffrance quotidienne en raison des comportements généralement violents de son époux. Alors, pour limiter cette souffrance, elle tente de compenser positivement les aspects négatifs de sa relation conjugale par l'obtention, là aussi, de bénéfices dits secondaires. En d'autres termes, l'épouse reste auprès de son mari car elle en retire des compensations positives qui lui semblent plus importantes que les désagréments liés à une rupture. Elle évite ainsi la souffrance liée à une séparation, le sentiment d'échec, l'appréhension d'une nouvelle vie, sans oublier ce que nous avons évoqué précédemment : la crainte des difficultés financières mais aussi et surtout la crainte de représailles. Car c'est souvent quand les femmes décident de partir que leur compagnon redouble de violence. Ces femmes le savent et c'est aussi pour cela qu'elles restent ; par peur d'aggraver la situation. Le chantage, les menaces et la manipulation du conjoint demeurent des armes redoutables et redoutées chez la plupart de ces épouses qui, inévitablement, ne peuvent s'empêcher de penser que, si elles partent, il se suicidera. Il faut bien considérer cette pression comme une violence, un moyen de garder l'autre, de le maintenir dans une relation aliénante.

Pour tenter de sortir de cette histoire, la femme doit accepter, dans un premier temps, l'idée qu'elle ne peut pas se faire soigner à la place de son mari, qu'elle n'est en rien responsable ni coupable de cette situation. Elle doit renoncer à vouloir le sauver, coûte que coûte et surtout, surtout, chercher enfin de l'aide pour elle – et non plus pour lui – afin de retrouver son identité propre.

2

Travail : Working girls

D'après les sondages et les enquêtes sociologiques, les salariés des pays industrialisés, à commencer par les cadres, n'aspireraient de nos jours qu'à une chose : se consacrer davantage à leurs loisirs et à leurs enfants plutôt qu'à leur travail. *Exit* donc l'acharné du boulot, survolté et privé de vie de famille. *Exit* le battant des années 80 : il serait, aujourd'hui, dépassé. Pourtant les cadres n'ont jamais autant travaillé – quarante-cinq heures par semaine en moyenne. Tous atteints de ce mal mystérieux que les Américains ont baptisé *workaholism*, un néologisme inventé dans les années 90 fusionnant les termes *work* et *alcoholism*. Selon Wayne Oats, l'inventeur de ce terme, le travail excessif, comme l'alcool, créerait un état d'euphorie, renforcerait la confiance en soi et masquerait les pensées douloureuses.

Il ne s'agit pas, dans ce cas, d'addiction à des substances licites et illicites, mais de dépendances comportementales, comme celles qui ont trait au jeu, au sport, ou à l'ordinateur... Il ne suffit pourtant pas d'enchaîner des semaines de soixante heures pendant un ou deux mois pour se ranger dans la catégorie des *work addicts*. Entre le surmené et le drogué du boulot, il existe bel et bien une différence.

Le premier consacrera la quasi-totalité de son temps à ses activités professionnelles durant une période limitée. Une fois le travail accompli, il retrouvera avec plaisir son quotidien et ses horaires habituels.

Le second, en revanche, pour des raisons que nous évoquerons ultérieurement, ne parviendra pas à décrocher de son ordinateur portable, de son téléphone et de son bureau sans souffrir d'un état de manque. Les workaholics ne travaillent pas toujours en raison d'un surplus – provisoire – de travail, mais parce qu'ils en ressentent le besoin. De ce fait, le workaholisme répond clairement aux critères de dépendance : le sujet focalise toute son énergie, ses ambitions et ses aspirations sur le travail, devenu le centre de son univers. Les préoccupations professionnelles envahissent son quotidien, et ses pensées demeurent centrées sur l'objet de sa dépendance au détriment de sa santé, de sa vie familiale et sociale. Enfin survient une perte de contrôle qui consiste à ne plus pouvoir s'arrêter, et ce malgré plusieurs tentatives, malgré la fatigue ou les reproches du partenaire. À l'inverse de la plupart des addictions, celle-ci comporte de nombreux « avantages » : d'une part, elle ne modifie pas le comportement et, surtout, ne détruit pas l'organisme. En d'autres termes, l'addiction au travail ne se révèle en aucun cas toxique pour la santé. Cependant nous reviendrons en fin de chapitre sur ce que les Américains nomment le *burn out syndrome,* ou l'épuisement professionnel qui, sans engager le pronostic vital, peut se révéler dangereux pour la santé physique et psychique du sujet. Notons tout de même que, au Japon, mille décès par an seraient directement liés à cette addiction. D'autre part, reconnu et admiré pour sa capacité de travail, le workaholic bénéficie d'une image valorisante au sein de notre société.

Il n'existe pas, à ma connaissance, d'étude ayant recensé le nombre de dépendants au travail dans notre pays. Ces chiffres représenteraient 1 à 5 % de la population française. Ce chiffre peut paraître important, cependant la concurrence effrénée sur le marché du travail, et par conséquent la peur du licenciement, ne peuvent que favoriser cet acharnement.

Il semblerait enfin que cette addiction touche davantage les hommes que les femmes. Encore une fois, nous manquons de chiffres mais, dans ce domaine également, nous nous rapprochons chaque jour de la parité. En effet, les femmes sont de plus en plus nombreuses à mener de front carrière professionnelle et vie de famille. Une nouvelle génération arrive aujourd'hui aux postes à responsabilités. Et peu importe que l'égalité professionnelle passe par des sacrifices. Elles se sentent prêtes à travailler jour et nuit, week-ends et jours fériés s'il le faut, prêtes à doubler la quantité de travail, pourvu qu'elles parviennent à leurs fins. Mais contrairement à la majorité des hommes, la réussite sociale et l'intérêt financier ne représentent pas forcément les objectifs recherchés par la plupart d'entre elles. Certaines les considèrent comme un « plus », un « luxe » auxquels elles n'imaginent même pas accéder. Autrement dit, ces femmes travaillent sans compter non par choix, mais par obligation.

En effet, comment s'assurer un train de vie décent quand on vit seule, avec un ou plusieurs enfants, sans aide ni pension alimentaire ? Pour la majorité, ces femmes doivent parfois accumuler plusieurs activités au détriment de leur santé. Au risque aussi de s'entendre reprocher plus tard de la bouche de leur progéniture : « Maman, tu ne t'es jamais occupée de moi ! »

En écrivant ces lignes, je pense à cette femme de ménage d'origine mauricienne que je croise tous les soirs, après 20 heures, à la clinique : une jolie maman de 45 ans, avec deux enfants. Un jour, je m'apprêtais à partir lorsqu'un coup de fil sur son téléphone portable vint interrompre sa tâche. Elle décrocha et, sans l'avoir souhaité, je me retrouvai témoin de sa conversation. Sa fille de 16 ans lui reprochait ses absences répétées et particulièrement ce soir-là où elle avait plus que jamais besoin d'elle. La mère se justifia et promit de passer toute la journée du dimanche avec sa fille. Son regard croisa le mien et, ayant sans doute perçu dans mon comportement une forme de compréhension, elle se mit à me raconter sa vie.

Abandonnée par son mari à la naissance de leur second enfant, elle se retrouva avec un salaire de femme de ménage pour nourrir sa famille ainsi que sa propre mère, malade, qui vivait avec eux. « Mon salaire ne me suffisait pas, alors j'ai été obligée d'accepter tous les boulots qu'on me proposait, quitte à mettre de côté ma vie de femme. Je n'ai pas le choix, il faut bien que je fasse vivre tout le monde. Et lorsque les enfants grandissent, il faut les habiller, ils veulent des marques, sinon ils se retrouvent exclus de leur groupe. »

Elle dénicha donc un emploi à plein temps comme surveillante dans une école. À 16 h 30, elle enchaînait quelques heures de ménage chez des particuliers, puis finissait sa journée à la clinique. Alors qu'elle me parlait, je calculai le nombre d'heures de travail qu'elle effectuait chaque jour : entre onze et douze heures. Elle appréhendait les périodes de vacances où, inévitablement, son salaire baissait, mais comme elle me l'expliquait, elle arrivait toujours à se débrouiller.

Nous pouvons considérer cette femme comme une workaholic. Certes, contrainte et forcée, dont le comportement réunit les critères de cette addiction : toute son énergie et son temps sont absorbés par son travail au détriment de sa famille, de sa santé et de sa vie privée. Intervient également une perte de contrôle qui consiste à ne « jamais rien refuser » malgré les reproches de ses enfants et l'immense fatigue qui, souvent, la submerge. « Je me reposerai le jour où les miens parviendront à respirer sans moi, me dit-elle. Dans sept, huit ans environ. » Elle aura 53 ans...

Il y en a d'autres qui deviennent workaddictes pour éviter de penser, pour fuir la réalité. De la même façon qu'elles consommeraient une drogue ou des médicaments. En règle générale, l'un ne va pas sans l'autre. Nous appelons cela la codépendance.

L'objectif conscient ou inconscient de ces femmes demeure le même : occuper leurs journées, leur esprit, leurs pensées pour ne pas affronter une réalité douloureuse, la solitude, les problèmes financiers, le divorce, etc. L'oisiveté laisse en effet libre cours aux émotions et, surtout, à la cogitation. « Quand je ne travaillais pas, je prenais deux barrettes de Lexomyl et je dormais toute la journée, sinon je devenais folle », me racontait Flora, une patiente hospitalisée essentiellement pour alcoolo-dépendance. Divorcée, mère d'une petite fille, cette styliste de 41 ans souffrait atrocement de solitude. Elle avait quitté ses parents à l'âge de 16 ans pour vivre avec un homme. Trois ans de vie commune plus tard, elle le quitta pour épouser celui qui devint le père de son enfant. Dix-neuf ans de mariage, puis, du jour au lendemain, elle partit avec un homme plus jeune qu'elle qui la quitta quelques mois plus tard. Pour la première fois de sa vie, Flora se retrouva seule, sans repères : « Je me suis toujours construite par rapport aux hommes, analysait-elle. Aujourd'hui, je suis seule et complètement paumée. J'ai peur de tout. » Au moment de sa dernière rupture amoureuse, Flora travaillait au sein d'une importante société de production cinématographique pour laquelle elle confectionnait les costumes. Six mois de travail intensif, week-ends et jours fériés compris, durant lesquels elle refusa de prendre conscience de la réalité. « J'étais très malheureuse d'avoir "perdu" mon ami, mais je n'avais pas le temps de penser, et surtout pas d'appréhender ma nouvelle vie seule avec mon enfant, m'avoua-t-elle. Toutes mes pensées étaient occupées à me demander quel vêtement j'allais choisir pour tel ou tel acteur, les couleurs, les matières, puis les essayages. » Les rares fois où Flora rentrait tôt à son domicile, elle s'occupait de sa fille, la couchait et, immédiatement, fumait « deux ou trois pétards », puis s'écroulait sur son lit. La soirée passait ainsi plus vite, jusqu'au jour où son contrat prit fin. Elle se retrouva sans emploi avec une peur vertigineuse du vide. Elle « survécut » une semaine avec deux barrettes de Lexomyl quotidiennes et quelques bières, ce qui lui permit de s'assommer et de ne plus penser. Un mois plus tard, je l'hospitalisai.

Flora prit alors conscience que, dans son cas, le travail devenait une fuite, une échappatoire à ses angoisses existentielles.

« D'ailleurs, me disait-elle, je préfère travailler plutôt que de partir en vacances, car au bout de deux jours, je commence à flipper. »

Autre cas de figure, ces femmes qui se sentent mieux au travail qu'à la maison. Un sentiment qui se développe de plus en plus en France, selon Jean-Claude Kaufmann, sociologue et chercheur au CNRS, mais un sentiment inavouable. Inavouable non pas lorsqu'elles cherchent à fuir un mari violent, dépressif ou alcoolo-dépendant à travers le « travail non-stop », mais plutôt lorsqu'elles avouent vouloir échapper à la famille. Ce phénomène croissant aux États-Unis a été révélé par l'ouvrage[1] d'Arlie Russel Hochschild, sociologue à l'université de Berkeley, qui donna la parole à des femmes cadres. Celles-ci admettaient qu'elles préféraient travailler et atteindre leurs objectifs plutôt que de rentrer à la maison s'occuper des petits et du ménage, pendant que le mari allait à la pêche.

Je citerai ici une phrase de ce livre, pour le moins révélatrice. Évoquant l'une de ces femmes, l'auteur écrit : « Son travail est un endroit accueillant et bien organisé alors que son foyer est gagné par un parfum de taylorisation » : les dîners à préparer, le bain à donner aux enfants, les devoirs à contrôler, les tâches ménagères à effectuer, bref, le quotidien. Et lorsque ce foyer devient un enfer, les femmes se réfugient au bureau. « Au moins nous nous sentons valorisées, soutenues, comprises parfois », clament-elles. En d'autres termes, elles existent, et ce malgré un sentiment de culpabilité commun à toutes et souligné par des ados en difficulté leur reprochant, à la moindre occasion, leurs absences. Aussi, pour se rassurer, elles se persuadent que ce que veulent les jeunes aujourd'hui c'est « qu'elles soient cool, présentes le week-end, mais pas toujours sur leur dos »...

Enfin, parmi ces workaddictes, il y a les ambitieuses, les *wonderwomen*, les « tueuses », les « masculines » motivées par la

1. Arlie Russel HOCHSCHILD, *The Time Bind*, Metropolitan Book, 1997.

réussite. Ingénieures, électroniciennes, techniciennes, soudeuses, mais aussi ministres, candidates aux fonctions suprêmes de l'État : les femmes sont de plus en plus nombreuses à partir à l'assaut de postes réputés masculins. En 2005, le ministère de l'Emploi publia, à ce sujet, une étude sur ce phénomène de mixité professionnelle, en brossant plusieurs profils de gagnantes : ainsi apparaîtraient les « stratégiques » bardées de diplômes, les « réactives » sans qualification qui accéderaient à des postes à responsabilités en apprenant sur le tas, etc. Autant de parcours auxquels il manque, aujourd'hui, une vraie reconnaissance. Selon l'INSEE, à compétences égales, une femme cadre gagne 23 % de moins qu'un homme. Toutes revendiquent, bien évidemment, le besoin d'autonomie financière, mais surtout la volonté d'« agir », de « construire », de « mener à terme leur projet » plus que de gagner des fortunes ou de prendre le pouvoir. Et pourtant ces femmes travaillent sans répit. Elles sont les dernières parties, les premières arrivées. Elles n'hésitent pas à emporter leurs dossiers en vacances ou à la maison, à organiser des visioconférences depuis leur domicile sans jamais se séparer de leur téléphone portable greffé à l'oreille. Femmes, mères, mais avant tout meneuses dans l'âme, elles parviennent à faire face aux difficultés familiales tout en gérant d'une main de fer leur vie professionnelle ; sorte de syndrome « MAM-Ségo ».

Les patrons leur reconnaissent au moins une qualité : l'efficacité. À la quasi-unanimité, ils affirment que non seulement elles valent largement les hommes sur un plan intellectuel, mais se révèlent meilleures en matière d'organisation et de gestion du temps. Moins directives, plus tolérantes, leurs méthodes de management reste davantage fondées sur les relations humaines, les échanges plutôt que sur les rapports de force. Mais quelles que soient leurs qualités, ces femmes doivent abattre une quantité impressionnante de travail pour être prises au sérieux. En effet, on se méfie d'elles, on doute de leur aptitude face à un environnement masculin, on craint le risque lié aux enfants... N'a-t-on pas refusé à l'une de mes patientes, grande journaliste, un poste à hautes responsabilités au sein d'une grande chaîne de télévision simplement parce qu'elle avait un enfant en bas âge ? L'investissement serait forcément moindre, lui avait rétorqué le PDG. Alors, pour y arriver, elles mettent les bouchées doubles et n'hésitent pas à affirmer un caractère bien trempé afin de dépasser les obstacles et les préjugés. Elles sacrifient souvent ce qu'elles possèdent de plus important : la maternité, la vie de couple, les loisirs et, parfois même, leur féminité, refusant de réussir en jouant la carte de la séduction. La féminité : un atout et un handicap à la fois.

Soumises aux exigences de performance, de productivité et de rentabilité, ces femmes craignent le licenciement, la précarité du travail, la concurrence liée parfois à leur statut de femme et, de fait, doivent prouver leurs compétences deux fois plus qu'un homme. « Nous n'avons pas droit à l'erreur, avouait Irina, 40 ans, cadre dans une grande entreprise, car nous savons qu'au moindre dérapage, à la moindre défaillance, nous risquons d'être virées ou, en tout cas, d'être mises sur la touche. » Autrement dit, pas le droit de garder un enfant malade, interdiction de ressentir la moindre baisse de régime – liée pour certains patrons les plus machos à la constitution fragile de la femme –, et tant pis pour les douleurs du cycle menstruel qui peuvent en immobiliser certaines, au moins une journée. « Nous devons tenir le coup, coûte que coûte, et nous organiser de façon à ne laisser apparaître aucune faille. Il y a une phrase à ne jamais prononcer devant son employeur : "Je ne peux pas", synonyme de "Je ne suis pas capable", me racontait une patiente. Lorsque mon employeur me demande de travailler deux heures de plus ou d'effectuer un travail qui semble au-dessus de mes possibilités, je ne refuse jamais, quitte à appeler au secours voisins, famille et amis pour s'occuper de mes enfants. »

Les témoignages ne manquent pas et demeurent accablants : les unes se plaignent d'être traitées comme du bétail, les autres de vivre comme des machines. Certaines se trouvent dans l'obligation d'être à la merci de leurs employeurs et de tout accepter, sous peine de représailles et de menaces.

Tous les récits se recoupent : pressions constantes pour plus de productivité, harcèlement moral, troubles du sommeil et dépression.

Enfin, il y a les autres, celles qui souffrent d'une faille narcissique qui les pousse à une quête de reconnaissance. Cette forme d'addiction au travail trouve ses origines dans l'enfance. Soit la workaholic reproduit le schéma familial – un père ou une mère ayant brillamment réussi professionnellement –, soit elle a été éduquée dans le culte de la réussite comme Léa, cette patiente de 20 ans en maîtrise de droit et promise à un bel avenir d'avocate, « comme papa ». Hospitalisée pour cocaïno-dépendance – une substance qui lui permettait « de tenir le coup des nuits entières » –, elle m'expliquait que, pendant des années, son père avait refusé de la féliciter et de lui parler si elle n'était pas première de sa classe. « Si tu es seconde, tu ne m'intéresses pas », lui disait-il. « Aujourd'hui, la question ne se pose plus, m'expliqua-t-elle en souriant, je cartonne dans toutes les matières et j'ai quasiment deux ans d'avance. J'ai tellement peur de le décevoir et de perdre son amour que j'ai totalement laissé de côté ma vie de jeune fille, pour réussir. »

Léa fait partie de ces enfants qui font l'objet d'attentes démesurées de la part de leurs parents dont l'amour et la reconnaissance passent forcément par l'excellence et donc le travail excessif. « Plus je travaillais, plus j'obtenais de bons résultats et plus je percevais de l'admiration dans le regard de mon père. Je ne m'accordais aucun répit, aucun jour de congé, j'avais fait une croix sur les sorties et les petits copains pour travailler, jusqu'au jour où mon organisme a lâché et je suis tombée en dépression. »

Lorsque la workaholic prend conscience que son organisme ne supporte plus le rythme effréné du travail intensif, elle est tentée par l'usage de produits psychoactifs : consommation de cocaïne, d'alcool, cocktails de vitamines, de psychotropes, augmentation de la consommation de tabac et de café. Objectif : se maintenir en éveil, favoriser la concentration, retrouver un sentiment d'apaisement et de détente, etc. En vain...

Malgré ces multiples signaux d'alarme, la workaholic tente désespérément de continuer à travailler jusqu'au jour où, comme me l'expliquait ma patiente, la dépression survient, le fameux *burn out syndrome*. Ce n'est pas une dépression, mais il y mène si on n'y remédie pas à temps.

En 1987, un psychanalyste américain, Herbert J. Freudenberger, évoqua ce phénomène dans un livre[1] en le comparant à un embrasement intérieur. « Les gens sont parfois victimes d'incendie, tout comme les immeubles, écrit-il. Sous la tension produite par la vie dans notre monde complexe, leurs ressources internes en viennent à se consumer comme sous l'action des flammes, ne laissant qu'un vide immense à l'intérieur, même si l'enveloppe externe semble plus ou moins intacte. »

Le sujet s'épuise psychologiquement et physiquement « à petit feu » en essayant d'atteindre des objectifs insurmontables et irréalisables. Les symptômes ressemblent à ceux d'une dépression : fatigue extrême et permanente accompagnée d'une absence de motivation, d'une irritabilité, d'une sensibilité accrue, d'une promptitude aux larmes ou à la colère indiquant une surcharge émotionnelle. Des répercussions psychosomatiques liées au mal-être peuvent également s'installer comme l'eczéma, la chute des cheveux, les rhumes à répétition, les maux de tête ou les maux de dos, les troubles du sommeil, de l'appétit, les troubles gastro-intestinaux... Face à cet état, le sujet, moins performant, commence à perdre confiance en lui et, de ce fait, ressent un sentiment de culpabilité. Il a alors tendance à se justifier par un excès d'activités en privilégiant l'aspect quantitatif plutôt que qualitatif.

1. Herbert J. Freudenberger, *L'Épuisement professionnel : la brûlure interne*, Gaetan Morin Éditeur, Québec, 1987.

À ce stade, le *burn out syndrome* se traite de la même façon qu'une dépression. Il n'existe pas encore de produits de substitution au travail, si ce n'est un investissement plus important dans la vie familiale et sociale. Encore faut-il en être capable ! Avant de parvenir à accepter qu'il existe une vie en dehors du travail, le sujet doit absolument consulter. Des antidépresseurs peuvent alors être prescrits et accompagnés d'une psychothérapie, une obligation de repos, et – le pire pour ces droguées du boulot – ... un arrêt de travail.

Il peut être intéressant d'effectuer pour soi-même ou pour des proches, dans certains cas de suspicion de dépendance au travail, le fameux test du *burn out*, ou épuisement professionnel

Test adapté de Freudenberger H. J.

Examinez avec soin les dix derniers mois de votre vie. Avez-vous noté des changements en vous ou dans votre entourage ?

Prenez quelques minutes pour répondre aux questions suivantes. À chaque question, répondez en indiquant un chiffre de 1 (pas ou peu de changement) à 5 (beaucoup de changement), selon le degré de changement que vous avez remarqué. Puis faites le total et consultez les résultats. Ceux-ci donneront une idée de l'éventuel épuisement professionnel de l'intéressé.

1. Vous fatiguez-vous plus facilement ? Êtes-vous exténué, sans énergie ?
2. Les gens vous exaspèrent-ils quand ils vous disent : tu n'as pas l'air très en forme depuis quelque temps ?
3. Travaillez-vous de plus en plus alors que votre rendement diminue constamment ?
4. Avez-vous une attitude plus cynique et désabusée ?
5. Ressentez-vous souvent une mélancolie que vous ne pouvez expliquer ?

6. Oubliez-vous parfois vos rendez-vous, les échéances, vos effets personnels ?

7. Êtes-vous plus irritable, plus colérique ou plus déçu face à votre entourage ?

8. Voyez-vous de moins en moins votre famille et vos amis intimes ?

9. Souffrez-vous de malaises physiques (douleurs, maux de tête, rhume persistant) ?

10. Vous sentez-vous perdu lorsque la journée de travail prend fin ?

11. La gaieté semble-t-elle vous fuir ?

12. Êtes-vous incapable d'accepter les blagues qu'on peut faire à votre sujet ?

13. L'activité sexuelle vous paraît-elle une nuisance plutôt qu'une source de plaisir ?

14. Découvrez-vous que vous n'avez rien à dire aux autres ?

Barème d'interprétation

De 0 à 25 : tout va bien.

De 26 à 35 : vous devriez faire attention à certains aspects de votre vie.

De 36 à 50 : vous êtes candidat au *burn out*.

De 51 à 65 : vous êtes en train de vous brûler.

66 et plus : vous avez atteint un point critique ; votre santé physique et psychique est menacée.

3

Sport : à consommer avec modération

Selon une étude récemment publiée, en 1953 une femme ingérait 1 818 calories par jour et en brûlait 1 512 en activités physiques-ménage, vaisselle, marche à pied pour aller faire les courses, etc. Aujourd'hui, elle avale 2 178 calories et en perd 556. Pour conserver la forme, sculpter et dessiner leur corps, pour rester désirables, maigrir et éliminer les toxines, certaines ont remplacé les travaux ménagers par des tisanes ou des régimes, d'autres ont opté pour le sport, parfois intensif. Si elles passent des heures à développer leurs muscles au niveau des bras, des jambes et du fessier, elles n'en restent pas moins femmes. Leur objectif n'est pas de ressembler aux hommes, mais plutôt aux icônes minces et musclées dont les médias nous abreuvent chaque jour à travers la publicité et les magazines. Leurs pages sont truffées de photos retouchées et d'articles vantant la nouvelle diète en vogue ou le dernier gymnase-club à la mode. Plus des trois quarts des couvertures possèdent au moins un titre sur la meilleure manière de changer son apparence, que ce soit par le biais d'un nouvel appareil de sport révolutionnaire ou d'un régime inédit.

Si l'influence de la presse joue un rôle important dans l'engouement des femmes pour la pratique physique, d'autres facteurs entrent en jeu : la médiatisation de certains sports comme la natation, l'image glamour de ses championnes, telle Laure

Manaudou, parfaite incarnation du triptyque belle, riche et célèbre à laquelle certaines femmes s'identifient. Vient s'ajouter l'émergence de nouvelles disciplines dites de bien-être, comme le yoga ou le tai-chi, issues de ce qu'on appelle, depuis peu, la « zen attitude ». Les chiffres communiqués par le ministère de la Jeunesse, des Sports et de la Vie associative restent sans appel : aujourd'hui, près d'une femme sur deux pratique une activité physique, soit 48 %, alors qu'en 1968 elles n'étaient que 9 %. Les arts martiaux et notamment l'aïkido commencent à se féminiser, la marche et la course à pied remportent un succès grandissant. Les Françaises sont plus de 18 millions à fouler plus ou moins régulièrement le bitume. À la deuxième place, vient la natation, avec 7,5 millions de pratiquantes séduites par ce sport depuis les dernières médailles olympiques, talonnée de près par la gymnastique et la danse, avec plus de 4 millions d'adeptes. Motivées par des *people* accros au sport et qui le revendiquent, les grandes enseignes sportives n'ont pas tardé à profiter de ce nouveau marché. Jadis, si les vêtements de sport pour femmes se limitaient à une version féminisée des équipements pour hommes, aujourd'hui les marques Nike et Adidas s'engouffrent dans la brèche pour lancer de nouvelles lignes purement féminines. Sans compter le prêt-à-porter de luxe qui rivalise d'originalité : la styliste Nathalie Rykiel, qui avait fait sensation en 2002 en créant le premier sex-shop de luxe parisien, proposait en septembre dernier le nouveau concept « Rykiel Karma, Body and Soul » et offrait une gamme sexy et féminine à toutes celles qui pratiquent la danse, le fitness, le yoga et la gymnastique.

Oui, la femme d'aujourd'hui aime la mode, la beauté et l'activité physique. Le sport fait désormais partie de son quotidien. Elle a créé la « sport attitude ». La pratique sportive s'est ainsi transformée davantage en mode de vie qu'en exercice physique laborieux et contraignant. Cependant, il est important d'insister sur les différentes façons de l'exercer. Pratiquée avec modération, elle se révèle excellente pour la santé et comporte de nombreux effets positifs, aussi bien sur l'organisme que sur le mental, car elle est un facteur d'harmonie dans la gestion du corps. En améliorant les performances musculaires et la coordination des gestes, elle aide à la constitution d'une meilleure image de soi et permet de prendre conscience de ses capacités et de ses limites. Elle exerce également un effet relaxant bien connu et participe à la régulation des grandes fonctions de l'organisme comme le sommeil ou l'alimentation. Si la femme sportive tient à conserver un bon niveau, elle se trouve souvent dans l'obligation d'éliminer, au moins partiellement, de mauvaises habitudes comme l'excès de graisse et l'abus de tabac. De plus, une activité physique exercée de manière continue et modérée protège le système cardio-vasculaire et respiratoire, améliore la circulation sanguine et favorise une augmentation du bon cholestérol. Elle fortifie le cœur qui bat plus lentement et, de ce fait, diminue le risque d'insuffisance cardiaque et la menace d'hypertension artérielle. Par exemple, trente minutes de marche à pied à raison de cinq à six kilomètres/heure, trois fois par semaine permettent d'améliorer de 12 % les performances de la pompe cardiaque. Toutefois, après l'âge de 40 ans, il est recommandé d'effectuer un contrôle du cœur par une consultation spécialisée et un électrocardiogramme d'effort.

Enfin, la pratique sportive prévient la perte osseuse car les mouvements exerçant des contraintes et des pressions sur les os stimulent leur renouvellement. Hélas, tous ces bienfaits ne permettent pas aux femmes de retrouver le corps de leurs 20 ans, mais ils gainent et affinent indéniablement la silhouette. Voilà pourquoi, aujourd'hui, la population féminine plus que la population masculine se livre à une activité physique régulière : au-delà d'une volonté commune de rester en bonne santé, c'est la dimension esthétique qui motive les femmes. D'autant plus que le sport entraîne, particulièrement chez ces dernières, des bénéfices secondaires.

Une étude menée auprès de 6 000 femmes, âgées de plus de 65 ans et suivies pendant huit ans, indique que les plus actives physiquement jouissent de fonctions cognitives – raisonnement, pensée, mémoire, intellect – moins altérées que les sédentaires. En d'autres termes, plus les femmes sont actives physiquement, moins elles courent le risque de souffrir d'une détérioration de leurs capacités intellectuelles. Selon plusieurs chercheurs, cet effet de l'exercice sur les fonctions cognitives pourrait être lié, du moins en partie, à l'augmentation du débit sanguin cérébral, atteignant parfois plus de 30 %. Cela a pour conséquence d'accroître dans le cerveau l'apport en oxygène frais et en éléments nutritifs. Une autre étude, menée sur des chimpanzés adultes, révèle que, après vingt semaines d'exercices de type aérobic, de nouveaux vaisseaux sanguins capillaires se forment dans le cerveau de ces mammifères. Autre avantage : le rôle non négligeable de l'activité physique sur la diminution du risque du cancer du sein, selon une célèbre étude américaine, WHI (Women Health Initiative). Soixante-quatorze mille femmes environ, âgées de 50 à 79 ans, ont été suivies durant cinq années en moyenne. Lors de cette période, 1 780 problèmes cancéreux mammaires ont été détectés. Les analyses révélèrent que les femmes ayant débuté une activité physique modérée au moins trois fois par semaine vers l'âge de 35 ans présentaient un risque diminué de 14 % par rapport aux sujets moins actifs. Cela pourrait s'expliquer par des cofacteurs associés à la pratique sportive comme une meilleure hygiène alimentaire, une absence, voire une diminution, de la consommation de tabac ou encore une modification des taux hormonaux avec la réduction de la glande mammaire. Côté intensité, les résultats sont à porter au crédit de la modération. En effet, une pratique excessive ne s'accompagne en aucun cas de bénéfices supplémentaires. Les auteurs en concluent qu'il est inutile de s'épuiser, la régularité suffit amplement.

Enfin, cerise sur le gâteau, les sportives bénéficieraient d'une meilleure libido, selon le docteur Linda de Villers, professeur de psychologie à l'université de Pepperdine, à Los Angeles. Après plus de six mois d'exercices physiques réguliers, 34 % des femmes mentionnent une vie sexuelle plus satisfaisante et 89 %, soit la quasi-majorité, soutiennent qu'elles ont davantage confiance en leurs capacités sexuelles. Plus récemment, des chercheurs de l'université de Chicago ont interrogé 500 femmes de 18 à 45 ans. Une sur quatre affirme que l'exercice éveille sa libido et participe à une amélioration de sa vie sexuelle.

À l'aide d'un questionnaire détaillé, des chercheurs du Bentley College de Waltham dans le Massachusetts ont étudié les habitudes sexuelles de 160 maîtres nageurs – hommes et femmes – âgés de 50 à 70 ans. Ils nageaient en moyenne une heure par jour, quatre à cinq fois par semaine. L'analyse des résultats publiés par le docteur Phillip Whitten dans *The Archives of Sexual Behavior* indique que ces hommes et femmes ont une activité sexuelle semblable à celle de leurs congénères de 20 ou 30 ans. Selon l'auteur, là encore l'exercice physique améliore l'appétence sexuelle car il agit à la fois sur le physique et le mental. Le stress nuit à la vie sexuelle ; par conséquent, le fait d'être plus détendu, mais aussi plus mince, plus musclé, plus à l'aise dans son corps, de se sentir plus attirant, augmente la confiance en soi, enrichissant ainsi la vie sexuelle. Le fait d'être capable d'une plus grande endurance cardio-vasculaire et d'un meilleur tonus musculaire que la moyenne constitue un atout lors d'une relation sexuelle. Au niveau mental, l'exercice physique agit sur la concentration sanguine de deux hormones sécrétées par l'hypophyse et qui stimulent le désir sexuel : la prolactine et l'hormone lutéinisante. De plus, le sport augmente la production de testostérone et facilite la reproduction tant chez l'homme que chez la femme.

Mais attention, si l'exercice pratiqué avec modération stimule la libido, l'excès de sport diminue nettement l'appétence sexuelle et la fertilité. Chez les femmes, cela se traduit par un arrêt temporaire des règles – aménorrhée de la sportive – et chez les hommes par une baisse de la production et de la qualité des spermatozoïdes. Ainsi, une sportive de haut niveau risque peu de tomber enceinte dans une période d'entraînement intensif ou d'être perturbée par l'arrivée intempestive de ses règles pendant une compétition. N'oublions pas que la championne vise une maîtrise complète de son corps et de chacun de ses muscles. En interrompant ses règles, elle se met à l'abri de toute situation imprévisible. Bien heureusement, cette baisse de la fertilité disparaît dès que la femme retrouve une activité normale.

Au regard de ces multiples bienfaits, il semble inutile d'insister sur la nécessité de pratiquer une activité physique. Toutefois, si bouger est bon pour lutter contre les dangers de la sédentarité – sédentarité qui fait, selon l'OMS, 2 millions de morts chaque année dans le monde ! –, à l'inverse trop de sport peut nuire à notre santé. Ainsi, on compte 150 000 accidents par an en France dus au sport intensif, voire excessif.

Entre les réticents à toute activité physique et les drogués du sport, comment trouver le juste milieu qui nous permette d'harmoniser notre corps et notre esprit pour vivre mieux et plus longtemps ? Quels exercices physiques doit-on pratiquer et à quelle dose en fonction de son âge et de son état de santé ? Enfin, comment évaluer, en termes de temps, les limites à ne pas franchir pour que le sport reste bénéfique ? Selon la moyenne française, le temps consacré à une pratique quotidienne se limite à neuf minutes, alors qu'idéalement il faudrait faire trente minutes de sport modéré tous les jours. Toutefois, l'intensité de l'exercice physique et le temps passé diffèrent selon qu'il s'agit d'un enfant, d'un adolescent en pleine croissance, d'un adulte stressé, d'un homme, d'une femme ou d'une personne âgée.

En fait, le sport devient dangereux aussi bien chez l'homme que chez la femme dès lors qu'ils en abusent. Une activité intense qui excède les quatre ou cinq heures quotidiennes avec ce que cela implique de tension, de dépassement de soi et de souffrance physique présente de sérieux risques pour la santé. Le mauvais entraînement ou le syndrome du surentraînement, bien connu des sportifs, conduit à des contre-performances parfois étonnantes, que l'on met souvent sur le compte d'une « mauvaise forme ». Tout entraînement de longue durée, *a fortiori* s'il doit conduire un jour à la compétition de haut niveau, doit être réalisé sous le contrôle d'un entraîneur spécialisé, car les dangers pour l'organisme sont réels. Parmi eux, outre les troubles du cycle menstruel chez la femme, citons les nombreux désordres biologiques et humoraux, dont l'anémie et une immense fatigue. Ainsi, mieux vaut pratiquer une heure de sport par jour que trois ou quatre d'affilée de temps en temps, car notre corps n'est pas constitué pour supporter de tels efforts. Nous ne pouvons lui imposer d'aller au-delà de ses possibilités, par exemple de courir des heures durant sous un soleil de plomb ou de sauter des obstacles de plus en plus vite. Dans l'excès, le sport n'est plus naturel. Il met le corps face à des difficultés surhumaines qui entraînent, le plus souvent, fractures, lombalgies ou déchirures musculaires ; de moindres maux comparés à la crise cardiaque ou à la trop fréquente mort subite du jogger, du tennisman ou du squasher du dimanche.

Si l'on suit le feuilleton des addictions : usage/abus/dépendance, il paraît difficile d'aborder la question de l'excès de sport sans évoquer la troisième étape – non inéluctable, bien heureusement. Le sport engendre la passion, l'excitation et, comme tout comportement qui génère ce type d'état, il peut facilement déraper vers l'abus, jusqu'à la dépendance. Surtout si le sportif souffre d'une hyperactivité parallèle, il trouvera en la pratique physique quotidienne une voie de canalisation de celle-ci. L'excès de sport peut effectivement devenir une drogue, une conduite dont on ne peut plus se passer. Si au départ il n'est question que d'une volonté de se changer les idées, d'être mieux dans sa peau, de rechercher du plaisir, des émotions différentes ou des sensations fortes, très rapidement l'envie va se transformer en besoin irrépressible et entraîner des symptômes de manque en cas d'arrêt. L'interruption brutale de la pratique sportive peut occasionner un tel sentiment de vide que certain(e)s tenteront de retrouver une gestion de leurs émotions par la prise de substances, au risque de souffrir d'une profonde dépression. La gloire, les titres et les médailles, un club, une ville et des supporters admiratifs, le corps en perpétuel mouvement, l'existence réglée match après match, entraînement après entraînement, un présent palpitant et un futur immédiat, simple comme un coup de sifflet ou un ballon qui sort en touche ; ce sont là les principaux moteurs qui peuvent créer, pour les deux sexes, une dépendance au sport intensif.

Quand du jour au lendemain une carrière s'arrête en raison d'une blessure ou encore de l'âge, quand du jour au lendemain le ou la sportive passe de la lumière à l'ombre, de la célébrité à l'indifférence, du mouvement à l'inaction, de la foule à la solitude... tout s'écroule. C'est la fin des émotions et, pour certains, la perte d'identité. Souvenons-nous de l'histoire de Marc Cécillon, cet ancien joueur de rugby condamné à vingt ans de réclusion criminelle pour l'assassinat de sa femme, ou encore de celle de Diego Maradona, devenu cocaïno-dépendant ! Hormis le cas de l'athlète Marie-Jo Pérec, il n'y a, sauf erreur, aucun cas comparable chez les sportives. Les femmes supporteraient mieux que les hommes ce vide laissé après une carrière prestigieuse. Leur vie de couple, leurs enfants serviraient-ils de garde-fous pour relativiser et prendre des distances par rapport à leur notoriété ? La question se pose. Cependant, au-delà des perturbations psychologiques et égocentriques, demeure le problème du manque physique auquel les femmes, comme les hommes, ne peuvent échapper. Rappelons que les plus grandes responsables de l'addiction au sport se nomment adrénaline, dopamine, endorphines et sérotonine. Des recherches ont démontré ces dernières années que la pratique régulière de l'activité physique favorise la synthèse dans le cerveau de la sérotonine, un neurotransmetteur produit par les neurones qui influence les zones cérébrales contrôlant l'humeur.

Nous savons, par exemple, que les personnes déprimées ont un taux anormalement bas de sérotonine. Il est d'ailleurs scientifiquement établi aujourd'hui que, du fait de sa production de sérotonine, l'exercice réduit les symptômes de la dépression au même titre que le ferait un antidépresseur. Mais c'est la découverte des endorphines qui, au début des années 80, a permis de mettre en relief un aspect nouveau des changements hormonaux provoqués par le sport, et de comprendre pourquoi elles se trouvaient à l'origine de l'addiction au sport. Il s'agit, en fait, de substances sécrétées par le cerveau appartenant à la même famille biochimique que les opiacés – opium, morphine, héroïne. Elles procurent un sentiment d'euphorie, jouent un rôle antidouleur qui permet de se surpasser et induisent donc, comme la véritable morphine, un phénomène de dépendance. Ces endorphines justifieraient d'une part le regard extatique – et non souffrant – des coureurs de longue distance après quatre-vingt-dix minutes d'exercice et, d'autre part, le besoin irrépressible des sportifs surentraînés de pratiquer quotidiennement une activité physique avec une exigence toujours accrue. Cet effet antidouleur expliquerait également pourquoi les femmes actives physiquement, souffrant du syndrome prémenstruel, voient leurs symptômes s'atténuer considérablement. À noter que la sécrétion d'endorphines quintuple au cours d'un exercice intensif.

En fait, il existerait une véritable dépendance due aux endorphines qui obligerait le sportif à rechercher jour après jour l'état dans lequel il peut obtenir la meilleure sécrétion de cette hormone cérébrale. Le taux d'endorphines dépend de l'intensité et de la durée de la pratique. Voilà pourquoi les exercices aérobics prolongés comme le jogging, le vélo ou le ski de fond sont les plus « endorphinogènes ». Ces petites morphines augmentent également pendant l'accouchement et permettent aux femmes de faire face à la douleur. C'est pourquoi celles qui pratiquent une activité sportive durant leur grossesse, c'est-à-dire celles qui ont l'habitude de produire leurs propres endorphines, en possèdent un taux supérieur dans le sang au moment de l'accouchement et supportent mieux les contractions que les femmes sédentaires.

Pour toutes ces raisons, l'addiction au sport concerne aussi bien l'homme que la femme. Lorsque l'un ou l'autre ressent une forte culpabilité du simple fait de manquer sa séance d'entraînement, manifeste des signes d'irritabilité ou des symptômes dépressifs en cas d'arrêt prolongé, si l'un ou l'autre poursuit une activité sportive en dépit de blessures ou/et de douleurs, si la pensée est monopolisée par l'activité physique et que le ou la sportive sacrifie sa vie sociale, professionnelle ou familiale pour pratiquer son sport, nous pouvons alors parler d'addiction.

Pour tous, l'activité physique intensive peut intervenir de la même manière qu'une drogue comme remède à une souffrance corporelle ou psychique. Ainsi, le sport pratiqué au quotidien et de manière répétitive apaiserait une pensée douloureuse, voire l'anesthésierait comme le ferait l'héroïne, par exemple. Chez les femmes, tout particulièrement, l'excès de sport va souvent de pair avec l'anorexie et peut aussi cacher un état dépressif, une fuite en avant, un besoin de combler un vide personnel ou affectif. Un peu comme le cadre dynamique au profil workaholic qui va multiplier les rendez-vous sur son agenda, l'accro du sport a besoin, pour se sentir exister, d'enchaîner les mouvements et de répéter inlassablement les exercices. Paradoxalement, les addictes au sport sont généralement des femmes brillantes, hyperactives aussi bien physiquement qu'intellectuellement, animées par une recherche perpétuelle de la perfection. Elles consacrent également beaucoup de temps à leurs activités professionnelles et aiment particulièrement la compétition, dans tous les domaines. Pratiquer un sport devient une façon pour elles de garder le contrôle de leur corps, mais aussi un moyen de maîtriser leur vie.

Contrairement à la joueuse compulsive, la fumeuse invétérée ou l'accro à la cocaïne, la sportive dépendante a souvent une hygiène de vie stricte, voire drastique, en particulier dans ses régimes alimentaires. Elle s'oblige souvent à perdre du poids afin d'améliorer ses performances. Les conséquences d'une telle intensité sportive peuvent provoquer, à court terme, une absence de règles, et, à moyen terme, des problèmes de stérilité. Sans parler de la décalcification des os et du risque accru de fractures, tendinites et douleurs chroniques.

Une dizaine de critères permettent d'évaluer la dépendance à l'exercice physique[1] :

- ✔ Le répertoire des exercices sportifs se réduit et conduit à une activité physique stéréotypée, pratiquée au moins une fois par jour.
- ✔ L'activité physique est plus investie que toute autre.
- ✔ La tolérance augmente d'année en année.
- ✔ Il existe des symptômes de sevrage avec tristesse ou troubles de l'humeur, troubles de l'appétit et du sommeil, lors de l'arrêt (volontaire ou contraint) de l'exercice physique.
- ✔ Les symptômes de sevrage s'atténuent ou disparaissent à la reprise de l'exercice.
- ✔ Il existe une perception subjective d'un besoin compulsif d'exercice.
- ✔ L'activité compulsive réapparaît après une période d'interruption.
- ✔ Il existe une volonté de poursuivre l'exercice physique intense en dépit de maladies physiques graves causées, aggravées ou prolongées par le sport.
- ✔ Et une négligence des avis contraires donnés par les médecins ou les entraîneurs.
- ✔ Des difficultés ou des conflits apparaissent avec la famille, les amis ou l'employeur liés à l'activité sportive.
- ✔ Le sujet s'oblige à perdre du poids en suivant un régime pour améliorer ses performances.

Les motivations des accros du sport peuvent toutefois différer selon qu'il s'agit d'amateurs ou de professionnelles. Comme nous l'avons expliqué précédemment, les unes se livrent à un exercice physique intensif dans le but de se muscler outrageusement ou de calmer une souffrance, d'autres par esprit de compétition. Dans les deux cas, en engourdissant la douleur, les endorphines sécrétées dans le cerveau leur permettent d'outrepasser leurs limites d'une manière tout à fait intime et légale.

1. Voir « Veale DM : psychological aspects of stalness and dependance on exercise », *International Journal of Sports Medical Physical Fitness*, 1990.

Cependant, lorsqu'il s'agit de sportives de haut niveau soumises aux pressions de toutes sortes, les stimulants naturels ne suffisent pas toujours. Comme les hommes, certaines femmes ont recours à des techniques plus ou moins dangereuses, plus ou moins réglementaires leur permettant de devenir plus performantes.

Prenons l'exemple du choix des moyens de contraception.

La plupart des athlètes féminines optent pour la pilule. Celle-ci possède l'avantage majeur d'atténuer les effets du syndrome prémenstruel. En effet, les règles deviennent moins abondantes et les femmes perdent moins de fer. Si ces dernières décident de ne pas arrêter la pilule, le cycle menstruel et les règles disparaissent. En temps normal, entre l'ovulation et l'apparition des règles, le corps est imbibé de progestérone. Les seins gonflent, la femme se sent plus nerveuse. La tension artérielle et les pulsations cardiaques augmentent aussi, ce qui constitue un climat plutôt défavorable à la performance.

C'est pourquoi à l'approche d'une compétition beaucoup de sportives utilisent la pilule pour décaler le cycle. Cela n'entraîne pas de conséquences graves si elles ne rendent pas cet acte systématique. Il faut néanmoins s'en méfier car la pilule peut exercer, de temps en temps, un effet néfaste sur le fonctionnement du foie ou encourager la prise de poids. Tout dépend du type de pilule, d'autant plus que certaines comportent le risque supplémentaire d'être parfois confondues avec un produit dopant, voire utilisées intentionnellement. Dans la seconde phase du cycle, un entraînement axé essentiellement sur la musculation vise à tirer parti de cet effet anabolisant. Aujourd'hui encore un accident reste toujours possible.

Selon Christiane Ayotte, directrice de l'un des 27 laboratoires de contrôle antidopage agréés par le Comité international olympique, le dopage est, de nos jours, aussi répandu chez les hommes que chez les femmes. Si le sport féminin se heurte, malgré tout, à peu de tests antidopage, c'est parce qu'il demeure moins médiatisé et génère donc moins d'enjeux économiques que le sport masculin. Une étude menée aux États-Unis en 1998 a cependant montré que de plus en plus de jeunes sportives de haut niveau des écoles secondaires consomment des hormones masculines connues sous le nom de stéroïdes anabolisants. Ce taux est passé de 1,5 à 5 % en dix ans. Il a maintenant rattrapé celui des garçons. En règle générale, les sanctions sont plus sévères pour les hommes que pour les femmes. On les croit plus facilement lorsqu'elles prétendent avoir été dopées à leur insu...

Les athlètes féminines se dopent aux stéroïdes sans prendre en compte le fait que leur corps reste beaucoup plus sensible à ces produits que celui des hommes. Il semble en effet impossible pour une femme d'acquérir la musculature masculine du fait de la production plus faible de la testostérone, hormone qui favorise l'augmentation de la masse musculaire. Cela n'est pas entièrement vrai. Cette hormone de synthèse augmentent la pilosité, fait muer la voix et déforment, parfois, le faciès. Elle provoque également une stérilité temporaire jusqu'à ce que l'athlète cesse de se doper. Produite normalement par les testicules, elle agit sur le développement des organes génitaux et les caractères sexuels secondaires. Les pilules de testostérone augmentent également le volume des muscles. Elles induisent chez les femmes un processus de masculinisation partiellement réversible.

Souvenons-nous de Heidi Krieger, cette athlète de l'ex-Allemagne de l'Est championne d'Europe du lancer de poids en 1986. Pour améliorer ses performances, cette dernière avait consommé des doses massives de testostérone. Ayant constaté par la suite une réelle augmentation de ses muscles, l'apparition d'une pomme d'Adam, d'une barbe ainsi qu'une multitude de troubles psychologiques, elle avait dû subir deux opérations pour devenir transsexuelle tant sa morphologie s'était métamorphosée. Du coup, Mlle Heidi s'est éclipsée pour laisser place à M. Andreas.

Nous n'énumérerons pas dans ce chapitre les nombreuses techniques de dopage, mais revenons tout de même sur un phénomène datant des années 50.

À cette époque, plus d'un tiers des athlètes féminines – provenant notamment de certains pays de l'Est – auraient été enceintes. Ce mystérieux phénomène demeura longtemps secret jusqu'à la fin des années 80, où il éclata au grand jour. En accord avec les « victimes », certains entraîneurs engrossaient délibérément leurs athlètes puis les faisaient avorter afin de profiter des effets physiologiques liés à cet état pour améliorer leurs performances. Cette monstrueuse stratégie concernait tout particulièrement les sportives pratiquant des activités d'endurance, puisque les effets de la grossesse restent proches de ceux générés par l'entraînement de longue durée. Le cœur augmente de volume, la quantité d'hémoglobine – pigment assurant le transport de l'oxygène – s'accroît, la ventilation est quasiment multipliée par deux et la consommation maximale d'oxygène de l'organisme peut augmenter de 10 à 30 %.

Afin de bénéficier de tous ces avantages sans avoir à subir le désagrément d'une prise de poids exagérée, la grossesse était interrompue après trois à six mois. L'avantage d'un tel procédé paraît évident : la méthode était on ne peut plus naturelle. Bien sûr, tous les cas de sportives enceintes ayant réalisé des exploits ne relèvent pas du même phénomène.

En résumé, qu'elles soient athlètes de haut niveau, amateurs ou professionnelles, mais adeptes du sport intensif et excessif, la plupart des femmes sont prêtes – comme les hommes – à mettre leur santé en péril pour parvenir à leurs fins.

Aussi, pour ne pas avoir à apposer dans le futur, comme pour l'alcool ou le tabac, un pictogramme de prévention du type : « L'abus de sport nuit gravement à la santé » sur les ballons, les balles de tennis, les baskets, les skis ou les appareils de musculation, pour éviter de nous perdre corps et âme, pratiquons le sport avec modération.

IV

À LA FRONTIÈRE DES ADDICTIONS

1

Le spectre des addictions : quelques éclaircissements

Rappelons que le spectre des addictions est très large : il comprend les dépendances aux substances psychoactives licites et illicites et les dépendances comportementales, dites « dépendances sans drogue ». Ces deux formes d'addictions impliquent les mêmes symptômes : la perte de contrôle, de choix, l'impossibilité de résister au passage à l'acte, la répétition du comportement addictif et l'état de manque à l'arrêt de la consommation ou du comportement. Cependant, un élément notoire les différencie : leur degré de dangerosité et de nocivité.

En effet, nous ne pouvons comparer les dangers qu'entraînent l'abus de tabac et l'abus d'alcool avec ceux induits par l'addiction aux jeux en réseau ou à Internet : 100 000 morts par an dont 40 000 par cancer en France pour ces deux drogues licites contre 2 morts dans le monde en une décennie pour la cyberdépendance.

Comme toute maladie, l'addiction comporte des formes typiques et atypiques, des formes graves et plus légères. L'asthme, par exemple, peut parfois se résumer à quelques crises nocturnes pendant une période de vie mais il peut également tuer ; l'hypertension artérielle peut se limiter à quelques maux de tête en fin de vie mais elle peut aussi entraîner à 30 ans une hémorragie cérébrale et une paralysie à vie, etc. Il en est de même pour les addictions ; certaines sont beaucoup plus sévères que d'autres.

Ainsi, les dépendances ne doivent pas forcément comporter un degré de dangerosité extrême pour mériter le label « addictions ». Dès lors qu'elles répondent aux critères de cette maladie et que le dépendant se trouve en état de souffrance et d'impuissance pour arrêter sa pratique addictive, nous devons y prêter attention. Une attention tout d'abord médicale puis psychologique, qui impose un diagnostic précis. Selon les cas, un traitement pharmacologique et/ou psychologique s'imposera, et parfois même une hospitalisation.

C'est pourquoi nous allons aborder, dans cette dernière partie, quelques dépendances plus légères situées entre l'addiction et les petites manies de la vie quotidienne, comme l'abus de sucre, et d'autres un peu plus étonnantes ou discutables, comme l'addiction à la chirurgie esthétique ou la dépendance à l'astrologie.

La plupart sont étroitement liées à notre époque et toutes concernent particulièrement la femme. Nous ne pouvons cependant les considérer comme de véritables dépendances, mais plutôt comme des dépendances secondaires, car elles ne font que masquer une réelle affection psychique ou psychiatrique. Prenons le cas de la grippe : la fièvre en est le symptôme et non la maladie. Si l'on soigne la grippe, la fièvre disparaît. Mais si l'on ne soigne que la fièvre, la grippe peut persister.

Il en est de même pour ces pseudo-addictions : supprimer Mme Irma ne guérira pas la femme accro à la voyance, puisque celle-ci souffre d'une angoisse de l'avenir, d'une anticipation anxieuse.

Si, dès l'instant où nous traitons cette pathologie cachée, le symptôme addictif disparaît lui aussi. Si nous guérissons son anxiété, la cliente n'éprouvera plus le besoin de consulter sa voyante.

Si légères ou discutables soient-elles, ces addictions méritent tout notre intérêt et, souvent, un traitement adapté.

2

Chirurgie esthétique : les femmes se font la peau

« Docteur aidez-moi ! Aidez-moi à me libérer du bistouri. J'en suis à ma trente-huitième opération de chirurgie plastique en deux ans, sans compter les injections de Botox. Je me trouve dans un engrenage fou. Je n'arrive pas à m'arrêter. »

Je lui fixai rendez-vous quelques jours plus tard. Elle m'attendait à l'entrée de la clinique. Elle se retourna... mi-Lolo Ferrari, mi-Pamela Anderson. Elle avait sans doute été splendide. Trente-huit opérations ! Et de multiples retouches plus tard, elle ressemblait à une statue de cire : sourire figé, regard fixe, lèvres gonflées, pommettes rehaussées et une poitrine frôlant le 130 ou le 140 D.

À 45 ans, cet ancien mannequin vivait seul depuis trois ans ; son quatrième mari l'avait abandonnée pour une femme de 28 ans.

Sa dépendance à la chirurgie plastique ressemblait en tout point à une addiction « classique ».

Eléonore avait commencé, à l'âge de 42 ans, par des injections de Botox « pour faire comme les copines mais, surtout, pour gommer les quelques rides du front ». Satisfaite du résultat, elle recommençait tous les six mois.

« Je suis dépendante de ces piqûres miraculeuses. Dès que j'aperçois la naissance d'une ride, je me précipite chez mon chirurgien pour la combler. Je sais, désormais, que je ne pourrai plus jamais m'en passer. »

Les choses s'étaient gâtées un peu plus tard lorsqu'elle avait constaté que ses seins commençaient à s'écarter et qu'elle avait de plus en plus de mal à perdre du poids. « C'est à ce moment-là qu'une peur panique m'a envahie. La peur de vieillir. De ne plus plaire. Je remarquai que les regards ne s'attardaient plus sur moi comme par le passé. Les hommes ne me manifestaient plus autant d'intérêt. Quant à mon métier, cela faisait bien longtemps que mon téléphone avait cessé de sonner. C'est encore plus difficile de vieillir quand on a été belle. »

Eléonore avait commencé par contacter un médecin, puis deux, puis trois et s'était livrée, avec frénésie, à toutes sortes d'opérations esthétiques car, disait-elle, « le Botox a ses limites, il ne répare pas tout ». Elle avait débuté par une rhinoplastie – remodelage du nez –, enchaîné par un lifting puis par la pose de prothèses mammaires, suivie d'une opération pour gonfler les pommettes, d'une autre pour rehausser les paupières, d'un blanchiment des dents et d'une liposuccion.

Elle était entrée dans une spirale infernale que rien ni personne n'avait pu arrêter : ni les quelques « ratages », ni les conseils de ses amis, ni les risques pour sa santé. « Quand mes médecins refusaient de m'opérer, je me dirigeais vers d'autres, moins scrupuleux. »

Sans compter le gouffre financier dans lequel ces opérations l'avaient plongée. Elle s'était endettée de plusieurs dizaines de milliers d'euros. Pendant qu'elle me parlait, j'entrepris un calcul approximatif : 400 euros tous les six mois pour une séance de Botox, 500 euros par an pour une augmentation du volume des lèvres, gonflées à l'acide hyaluronique, 5 000 euros pour un lifting du bas du visage, 5 000 euros pour une nouvelle paire de seins, 2 500 euros pour un remodelage des pommettes, etc. Et ce, depuis trois ans !

« Dès que l'effet s'estompe, une angoisse très forte monte en moi. Seule une nouvelle opération peut me soulager. »

Les propos comme l'apparence d'Eléonore me paraissaient plus proches d'un délire de l'image de soi que d'une addiction. Certains auraient pu même voir dans son cas une forme atypique d'automutilation, sous prétexte d'autoréparation. Oui, elle se disait accro, oui, elle avait perdu le contrôle de sa « consommation » d'actes de médecine et de chirurgie esthétique, oui, elle y pensait sans arrêt, se sentait angoissée ou mal dans sa peau dans les périodes intermédiaires, sans intervention. Elle poursuivait ses démarches et ses opérations malgré la connaissance des risques et des coûts. Oui, sa pensée s'emballait chaque fois davantage à l'idée de la prochaine intervention esthétique. Cependant, je ne pouvais m'empêcher de déduire que ce trouble addictif s'était greffé sur une psychopathologie préalable : un trouble de l'image de soi, un trouble du schéma de la représentation corporelle comparable à celui qu'on observe lors des anorexies sévères, lorsque des femmes faméliques continuent à se trouver grosses. Dans ce cas, pour se rendre de plus en plus belles, elles s'enlaidissent à vue d'œil. Mais pas de leur œil à elles...

L'addiction d'Eléonore – en supposant qu'on accepte ce diagnostic – relevait, en fait, d'une addiction secondaire. Pour la faire disparaître, il fallait avant tout traiter le trouble psychiatrique masqué derrière. Une fois ce déséquilibre corrigé, la pseudo-addiction avait toutes les chances de s'effacer. Je l'adressai donc à mes collègues psychiatres et psychanalystes qui confirmèrent la pathologie et entreprirent un traitement médicamenteux adapté. Depuis le début de ce suivi, une année s'est écoulée sans qu'Eléonore ait éprouvé le besoin de réclamer une nouvelle intervention.

Bien heureusement, en ce domaine, le cas de cette patiente fait partie des exceptions. Cependant, de plus en plus de femmes mais aussi d'adolescentes victimes des prétendues valeurs de modernité mises en avant par la publicité et les médias ont recours à ces pratiques.

En 2003, aux États-Unis, sur un total de 8,3 millions d'interventions esthétiques – une augmentation de 293 % par rapport à 1997 –, 7,2 millions (soit 87 %) ont été effectuées sur des femmes.

Selon l'American Society for Aesthetic Plastic Surgery (ASAPS), société américaine des chirurgiens esthétiques et plastiques, 220 000 personnes de moins de 18 ans auraient subi des opérations de chirurgie plastique, essentiellement des injections de Botox et des poses de prothèses mammaires.

En France, on estime à plus de 200 000 le nombre d'opérations de chirurgie purement esthétique pratiquées chaque année, ce qui correspond à environ 125 000 personnes. Une demande qui augmente annuellement de 10 % environ.

80 % des Français opérés sont des femmes. Mais en quinze ans, la proportion d'opérations est passée de 1 homme pour 15 femmes à 1 homme pour 4 femmes.

Chez les adolescentes, la demande se fait croissante. Lorsque l'on sait que 30 % des filles se trouvent trop grosses et que 20 % d'entre elles seulement s'estiment séduisantes, l'attrait des toutes jeunes femmes pour la chirurgie esthétique ne surprend pas.

Il paraît bien difficile, cependant, d'établir un portrait type de la clientèle accro à ces pratiques. Les personnes que la profession expose publiquement et médiatiquement semblent les plus touchées. Je fais référence aux comédiennes, aux chanteuses, aux présentatrices télé et, bien entendu, aux mannequins. Bien que ce paramètre joue un rôle important, nous ne pouvons pas dresser de généralités, car il existe autant de cas que de patientes. Ne nous fions pas aux idées reçues : il ne s'agit pas seulement de femmes oisives et fortunées de plus de 50 ans qui envisagent de passer sur le billard des chirurgiens esthétiques ! Non, c'est aussi la jeune maman d'à côté, le garçon qui vous sert votre café tous les midis, et même votre collègue de bureau. Toutefois l'âge constitue un critère beaucoup plus significatif. Je parle notamment de ces femmes ayant atteint, selon leurs dires, un âge « critique » : 40 ans. La plupart souffrent en effet d'anxiété car elles se situent entre deux âges. Plus vraiment jeunes, mais pas encore vieilles, elles veulent s'y prendre à temps pour « limiter la casse », comme elles disent.

J'établirais ainsi deux catégories : les femmes de 40 ans, célibataires, qui doivent coûte que coûte rester « sur le marché » car selon elles « la relève est intraitable », et les épouses, mères de famille, qui commencent à perdre confiance en elles après deux ou trois grossesses et un mariage légèrement routinier. Dans les deux cas, ces femmes ont besoin de retrouver un « second souffle » et un réel potentiel de séduction pour continuer leur vie ou tenter de la reconstruire autrement.

Afin de mieux connaître ses patients, l'American Society for Aesthetic Plastic Surgery a interrogé 644 personnes envisageant de subir une opération de chirurgie esthétique dans les deux ans à venir. Celles-ci provenaient des quatre coins des États-Unis et 85 % d'entre elles étaient de race blanche et de sexe féminin. 30 % faisaient état d'un revenu annuel moyen de leur ménage de moins de 30 000 $, 41 % d'un revenu compris entre 31 000 et 60 000 dollars, et 16 % d'un revenu de 61 000 à 90 000 dollars. Seules 13 % gagnaient plus de 90 000 dollars par an. Tout comme leurs revenus, la fourchette d'âges des amateurs de chirurgie esthétique est variable : 26 % ont entre 18 et 29 ans, 38 % entre 30 et 49 ans et 36 % entre 50 ans et plus. 81 % n'ont encore jamais tenté l'expérience. Quant aux motivations plus intimes qui poussent ces femmes à passer au bistouri esthétique, tout a été dit : quête de jouvence, refus maladif de vieillir, etc. Même si la plupart d'entre elles souhaitent embellir leur look, ce n'est pas seulement par vanité, car elles associent la chirurgie esthétique à l'amélioration d'une partie gênante ou disgracieuse de leur anatomie qui les rend insatisfaites et malheureuses. De ce fait, elles restent persuadées que le recours à la chirurgie esthétique va s'accompagner d'une amélioration sur le plan émotionnel, psychologique et social.

À la question de savoir pourquoi elles désirent se faire opérer, 75 % déclarent vouloir corriger leur apparence physique, devenir plus séduisantes et en meilleure santé. Près de 70 % parlent d'un bénéfice sur le plan émotionnel et psychologique touchant à l'estime et à la confiance en soi. Stendhal ne disait-il pas que la beauté est une promesse de bonheur ? De plus, 45 % – parmi lesquels davantage d'hommes que de femmes – espèrent en retirer un avantage social : se sentir mieux acceptés et plus séduisants aux yeux des autres.

Pour plus de 85 % de ces personnes, les avantages apportés par la chirurgie esthétique l'emportent de loin sur les risques liés à l'opération. Elles sont convaincues que ces derniers se réduisent à leur plus simple expression si elles font appel à un chirurgien de renom. Et des chirurgiens de renom, il en fleurit un peu plus chaque jour...

Aujourd'hui, on lifte, on botoxe et on liposuce à la chaîne. La banalisation galopante de cette pratique fournit une illustration éclairante de la conception que notre culture se fait du corps humain. Nous possédons un corps comme nous possédons une maison ou une voiture. Un corps en kit où chaque partie, pour ne pas dire chaque morceau, peut être considérée et corrigée séparément.

Malgré le mouvement d'émancipation de la femme, la beauté occupe toujours la même place. Elle est devenue, plus que jamais, un devoir culturel suscitant l'idée d'une perfection corporelle à atteindre, le signe d'un accomplissement personnel. Et ce, malgré les discours récurrents sur la « beauté intérieure » et le droit à la différence. Libérée ou pas, la femme se sent obligée de se mettre d'une manière ou d'une autre en position d'être regardée et, surtout, d'être désirée.

La démocratisation et l'accessibilité des techniques de chirurgie ont eu pour conséquence de rendre les femmes responsables de leur beauté et de leur corps : « Si vous désirez être belle et mince, vous le pouvez. » Une illusion qui s'accompagne forcément d'une culpabilisation importante.

Ainsi la laideur ou la prise de poids ne se résume-t-elle plus à une histoire de malchance ou de mauvais hasard, mais à une incapacité individuelle. Une femme aux bourrelets apparents sera jugée négligente et celle au nez proéminent, coupable. Comme si la beauté devenait un « travail forcé » et une question de volonté.

Notre société a construit un modèle idéal du corps féminin de plus en plus éloigné de la réalité. De ce fait, plus les femmes se sentent décalées de cet idéal, plus l'estime qu'elles se portent diminue. Sur quels critères doivent-elles alors se fonder pour juger de leur propre apparence physique lorsqu'elles se trouvent confrontées aux canons de beauté qui envahissent leur quotidien ? Comment parviennent-elles à évaluer en toute objectivité leur propre poids, par exemple ? Il ne faut donc surtout pas s'étonner d'entendre de plus en plus de femmes, de poids « normal », se plaindre d'être « trop grosses » et d'autres, très ou trop minces, chercher à perdre encore plus de kilos.

Lorsqu'on interroge ces « amazones des salles d'op' » sur leur désir de modifier une partie de leur corps ou de changer un détail de leur visage, la plupart déclarent tout simplement « vouloir rester elles-mêmes, mais en mieux », autrement dit ressembler à un idéal d'elles-mêmes. Ces assauts de « soi-même » et de « naturel », ces pirouettes malhonnêtes à base de « plus vrai que vrai » ne doivent pas faire illusion. La seule beauté que peut apporter la chirurgie esthétique reste une assimilation, une mise en harmonie avec les stéréotypes en vigueur. En gommant leurs défauts réels ou imaginaires, la chirurgie permet aux femmes de rentrer dans le rang et de se conformer à l'idée qu'elles se font d'elles-mêmes. Entendez : une autre, et de préférence avec un physique d'actrice ou de mannequin. Selon certains chirurgiens, de plus en plus de femmes demandent « des fesses à la Jennifer Lopez », « une poitrine à la Pamela Anderson » ou « des lèvres à la Michelle Pfeiffer ».

Le docteur Alan Matarasso, surnommé le « chirurgien des stars » aux États-Unis, parle même de « mimétisme *people* ».

« Les brunes veulent ressembler à Catherine Zeta-Jones et les blondes à Sharon Stone. » Idem pour la France où la plupart des chirurgiens plasticiens reconnaissent que leurs clientes stars leur servent de cartes de visite. Et les femmes de tendre vers cet idéal artificiel, bien émancipateur : paraître, et non pas être une personne à part entière. Sans doute oublient-elles cette jolie pensée philosophique : « Et si la seule réponse de la nature à la rareté était la beauté ? »

S'il existe de plus en plus de femmes adeptes de la métamorphose corporelle et faciale, la grande majorité d'entre elles désirent, avant tout, effacer les outrages du temps.

Jusqu'à présent, la seule technique proposée se limitait au lifting, un acte chirurgical lourd consistant à retendre la peau. Aujourd'hui, plus besoin de bistouri. Avec l'arrivée du Botox, une simple piqûre suffit. « Cinq ans de moins pendant six mois pour 400 euros » : tel pourrait être le slogan si les médicaments faisaient l'objet de campagnes publicitaires. Banalisées à grand renfort de « Botox *parties* », sortes de réunions Tupperware autour de petits-fours et de champagne, les injections ont augmenté de 1 500 % en l'espace de quatre ans aux États-Unis. Et à Hollywood, où le produit jouit d'une extraordinaire popularité auprès des acteurs, les réalisateurs désespèrent de pouvoir filmer, sur les visages figés, une expression d'angoisse ou d'étonnement. Plusieurs d'entre eux se sont plaints dans la presse des difficultés à trouver des stars qui puissent exprimer une émotion muette ou sachent encore mimer la colère.

Ces injections révolutionnaires méritent quelques explications. Apparu il y a quelques années aux États-Unis, l'usage du Botox est autorisé en France depuis le printemps 2003. Il reste incontestablement le produit fétiche de ces dernières années. Le produit miracle a été vendu en 2003 à 32 millions d'exemplaires, soit un chiffre d'affaires de plus de 300 millions d'euros. Dérivée d'une bactérie connue pour se développer dans les conserves périmées, la toxine botulique est capable, sous sa forme concentrée, de provoquer la mort par la paralysie des muscles et des voies respiratoires. Injectée à doses infinitésimales dans la partie supérieure du visage, elle lisse l'expression et agit en empêchant les muscles de se contracter. Cette substance, ou du moins la souche dont elle est issue, fut répertoriée par le Pentagone au moment de la guerre du Golfe dans la liste des armes bactériologiques détenues par l'Irak. Le bacille botulique est en effet un poison mortel. On découvrit son existence, au début du XIXe siècle, dans la charcuterie avariée. Sa consommation entraînait à l'époque des décès fulgurants. Les symptômes de la maladie furent décrits sous le nom de botulisme – du latin *botulus*, « boudin ». Quelques décennies plus tard, ses bénéfices thérapeutiques ont été avérés, entre autres, dans le traitement des crampes musculaires.

En France, la toxine botulique a longtemps été réservée à un usage thérapeutique en milieu hospitalier, pour des spasmes de la face, des torticolis spasmodiques, des cas de strabisme. Elle fut aussi, dans les années 90, le secret de beauté d'une clientèle confidentielle de baby-boomers toujours à l'affût de nouveaux traitements antirides. « Jusqu'à présent, résume un dermatologue, la situation demeurait très ambiguë. Nous pouvions, sous notre responsabilité, décider d'utiliser le Botox, en dehors de son cadre légal, à des fins esthétiques. De la même façon que l'on put prescrire de l'aspirine, quand il n'était encore qu'un traitement contre la fièvre et la douleur, pour fluidifier le sang et prévenir les risques d'artériosclérose et d'infarctus. » L'important, c'est d'injecter la bonne dose. Mieux vaut en effet éviter d'avoir la main lourde, car les effets secondaires indésirables, maux de tête, paupières qui tombent, rougeurs, strabisme, dépendent moins du produit lui-même que de la façon dont il a été administré. Si certaines patientes retournent travailler l'après-midi même du jour où elles se font faire leurs injections, d'autres ne quittent pas leurs lunettes noires pour dissimuler des hématomes persistants ou un œil à demi clos, plutôt disgracieux. Cependant, les dégâts éventuels présentent l'avantage d'être totalement réversibles : rien à voir avec ceux que peut causer un mauvais coup de bistouri.

Quant aux conséquences à long terme du Botox, nous sommes à peu près certains aujourd'hui qu'il n'en existe pas. Depuis les années 70 – soit plus de trente-cinq ans –, ce produit est utilisé par les ophtalmologistes, les ORL, les neurologues, pour soulager des patients atteints de troubles neuromusculaires graves. C'est dire que nous disposons d'un certain recul et que, si son utilisation posait des problèmes majeurs sur le long terme, nous en serions déjà informés. D'autant que, dans le cadre thérapeutique, les médecins recourent à des doses trois ou quatre fois supérieures à celles requises en esthétique.

En résumé, quelques injections de cette potion magique tous les six mois, un résultat spectaculaire, aucun effet secondaire ou si peu, il n'en fallait pas plus pour que les femmes en deviennent accros.

Le caractère éphémère des injections favorise non seulement la dépendance, mais constitue aussi une véritable rente pour les médecins.

La chirurgie esthétique à outrance ne concerne, aujourd'hui, qu'une minorité de femmes, mais si la tendance se maintient, nous pouvons sans doute nous attendre à une explosion dans les prochaines années. Certaines femmes ayant développé cette dépendance ont avoué se prostituer, voler ou encore effectuer des emprunts bancaires irréalistes pour financer leurs opérations.

Plusieurs jeunes femmes ont déjà entre vingt et trente chirurgies à leur actif et souffrent de symptômes de sevrage si elles ne subissent pas au moins deux interventions par an. À noter tout de même que cette tendance majoritairement féminine s'accentue auprès des hommes qui n'hésitent pas à avoir de plus en plus recours à ces méthodes.

Cependant, même si la presse féminine française ne lésine pas sur les dossiers spéciaux « chirurgie esthétique », tout en laissant échapper quelques informations sur les métamorphoses magiques des visages de quelques-unes de nos artistes, le sujet demeure encore tabou dans notre pays. À l'inverse, dans plusieurs pays d'Amérique du Sud comme le Venezuela, le Brésil ou l'Argentine, ces opérations de chirurgie plastique deviennent socialement de plus en plus acceptées, voire recommandées. Les services publics de santé vont même jusqu'à rembourser certaines interventions, dès lors que l'image de soi peut nuire à l'équilibre psychique et fonctionnel des personnes. Idem pour l'Orient. De l'Arabie saoudite au Pakistan, on n'hésite plus à casser sa grosse tirelire pour s'offrir des opérations de chirurgie plastique et pouvoir ainsi rivaliser avec des stars de la télé, toujours plus provocantes. La palme revenant tout de même au Liban, où les interventions se pratiquent en masse. Ce qui a d'ailleurs valu à ce pays le surnom de Brésil du Moyen-Orient. « Au Liban, la beauté est primordiale, tu dois passer sur le billard, autrement, tu n'es pas à la mode ! » explique une adepte de la transformation physique, mère de trois garçons. En 2003, les opérations de chirurgie esthétique effectuées dans le monde arabe s'élèvent à 650 000, contre 380 000 en 2002. En Égypte, le nombre d'interventions de ce type a plus que doublé en seulement un an, en passant de 55 000 à 120 000 interventions. « Il y a encore peu de temps, les femmes pensaient que la chirurgie esthétique était réservée à une élite riche et célèbre, explique Mohan Rangaswamy, chirurgien plasticien au Welcare Centre de Dubaï, aux Émirats arabes unis. Or, depuis que le niveau de vie dans le monde arabe s'est amélioré et que les habitudes ont, elles aussi, changé, la beauté occupe une place importante dans la vie des femmes. Aujourd'hui, elles n'acceptent plus un ventre distendu après deux ou trois grossesses, et rêvent de pouvoir entrer dans des robes ou des jeans moulantes. » Les femmes dépensent tout ce qu'elles possèdent pour être les plus belles. « Le pire, m'expliquait une amie libanaise, c'est qu'à la fin, on se ressemble toutes ! Même nez, même bouche, mêmes seins. »

Médicaliser les corps pose la question de la standardisation et de la normalisation des critères de beauté. Et que feront les opérées quand elles deviendront plus âgées ? Continueront-elles à subir cette tyrannie, cette dépendance, jusqu'aux dernières années de leur vie ? Verrons-nous bientôt fleurir de nouveaux groupes d'entraide sous le nom d'Esthétiques anonymes, à l'image des alcooliques du même nom ? Dans la mesure où l'estime de soi demeure la pierre angulaire de la chirurgie esthétique, ne devrait-on pas privilégier d'abord la consultation d'un thérapeute dans le but d'aider ces personnes à améliorer ce qui peut être changé et, surtout, à accepter ce qui ne peut pas l'être ?

Diagnostiqués par le DSM-IV comme un désordre corporel *(body dysmorphic disorder)*, ce problème de l'image de soi se trouve de plus en plus lié à des déviances à médicaliser où le manque d'être se transforme en manque d'avoir. La dépendance à la chirurgie esthétique correspondrait à une recherche hors de soi de ce qui manque à l'intérieur. Une manière de combler un vide ou de juguler une peur au moyen d'un produit ou d'une action procurant un apaisement et une réponse provisoires. Quand la somme des défauts perçus dépasse la capacité d'adaptation de l'individu, nous ouvrons la porte au cycle de la dépendance où la personne cherche à anesthésier ses souffrances par le biais de la chirurgie.

Arrêtons-nous, à présent, sur l'un de ces désordres corporels : la dysmorphophobie.

Ce trouble nous amène, en apparence, bien loin de notre sujet, bien loin de ces « accros de la beauté » prêts à tout pour s'embellir ou se transformer, et pourtant il peut parfois se retrouver chez certain(e)s de nos patient(e)s. Cette maladie se caractérise par des préoccupations excessives à propos d'un défaut corporel imaginaire ou minime. Elle constitue une souffrance, parfois extrêmement envahissante, invalidante même, source d'un isolement social, et qui peut s'accompagner d'autres troubles : dépression, anxiété, phobies, obsessions, etc. Les médias américains parlent d'un *imagined ugliness syndrome*, « syndrome de laideur imaginaire ». Le dysmorphophobe est un individu normalement constitué qui se croit affecté de déformations physiques, qui perçoit son corps comme difforme. Cette obsession de la difformité du corps peut porter soit sur sa grosseur ou sa maigreur, soit sur sa taille, soit sur l'aspect disgracieux de son visage, soit enfin sur ses attributs sexuels. Depuis l'ouverture de la clinique Montevideo, j'ai eu l'occasion de rencontrer des personnes atteintes de cette pathologie. Je me souviens notamment de cette patiente obnubilée par la taille, la forme et le poids de ses cuisses. Ne l'ayant vue que sous des pantalons très larges, il m'était difficile de juger de cette partie de son corps. Celle-ci semblait cependant normale, ni trop grosse, ni trop mince, en tout cas très bien proportionnée. Pourtant, depuis l'âge de 18 ans cette jeune femme ne parvenait pas à se débarrasser de cette angoisse.

« J'ai honte de mes cuisses. Je les trouve molles, grosses et difformes. Pourtant je fais des exercices physiques tous les jours, près de deux heures par jour, en vain. Je me pèse plusieurs fois dans la journée et si j'ai pris un kilo, je reste persuadée qu'il est allé directement sur mes cuisses. L'idée de me confronter à mon miroir me provoque des angoisses. »

Elle ne se regardait d'ailleurs que dos au miroir, la tête entre les jambes.

« De plus, j'ai l'impression que mon entourage ne voit que ça, qu'on me scrute, qu'on se moque. Alors je les cache, la plupart du temps sous des jupes, et lorsqu'il fait froid je me débrouille pour porter des pantalons trop grands pour moi, très amples. Je fuis le regard des autres. Je suis toujours en alerte et observe les autres de peur qu'ils ne m'observent. Lorsque je rencontre un homme, je ne peux me déshabiller qu'à condition de le faire dans l'obscurité totale. »

Très proche de l'éreutophobie, la peur irraisonnée de rougir en public, la dysmorphophobie concerne aussi bien la morphologie du corps que celle du visage. On retrouve chez le dysmorphophobe les mêmes craintes que chez l'éreutophobe, notamment la peur du jugement social, et la même source conflictuelle.

Cette affection peut débuter tant progressivement que brutalement, en moyenne entre l'âge de 12 et 17 ans. Les plaintes sont le plus souvent sans relation directe avec le défaut physique. Le patient souffre plutôt de symptômes dépressifs ou anxieux et évoque une « laideur générale » ou une honte de son propre corps. Le défaut imaginé ou exagéré peut impliquer une ou plusieurs parties du corps jugées difformes, disproportionnées, trop petites, trop grosses, enflées, asymétriques, etc. N'importe laquelle de ces parties peut être concernée. La dysmorphophobie dérive plus fréquemment et plus directement de l'adolescence, période de changements profonds, ainsi que de l'acceptation ou non de ces derniers. Elle représente une forme particulière de rejet de soi. La gêne, la timidité, la pudeur excessive témoignent de ces inquiétudes plus ou moins obsédantes liées à l'ensemble de la morphologie – taille, poids, silhouette – ou à une partie du corps – nez, acné, lèvres, pilosité, ventre, cuisses, poitrine. L'adolescence étant marquée presque toujours par ce genre de préoccupations, il demeure alors difficile pour le praticien de déterminer dans quelle mesure celles-ci sont pathologiques ou si elles restent dans le champ du développement normal de cette tranche d'âge. Un peu plus de la moitié des personnes souffrant de dysmorphophobie réalisent que leurs préoccupations sont exagérées. Les autres restent convaincues que leurs défauts sont réels et majeurs. Cette pathologie découle, elle aussi, de la complexité des références culturelles de nos sociétés qui influencent la construction d'une image corporelle idéale. Ainsi, le culturisme, les tatouages et piercings, les styles vestimentaires et les marques, les produits cosmétiques et, bien sûr, la chirurgie esthétique représentent-ils autant de possibilités, de chances de réduire ou de masquer l'écart entre le corps et l'idéal du corps.

Selon le DSM-IV, la dysmorphophobie fait partie des troubles somatoformes : une plainte somatique qui ne peut s'expliquer par une maladie physique ou un mécanisme physiopathologique connu. Les critères diagnostiques sont les suivants :

Préoccupation à propos d'un défaut dans l'apparence physique qui peut être imaginaire. Dans le cas de la présence discrète d'une anomalie physique, elle s'avère nettement excessive.

Elle engendre une souffrance significative ou des obstacles importants dans la vie sociale, les activités ou les autres grands domaines de fonctionnement d'une personne.

Cette obsession n'est pas mieux expliquée par une autre maladie mentale : exemple, l'insatisfaction concernant l'apparence corporelle dans l'anorexie mentale.

La bible américaine des troubles mentaux attribuerait à cette pathologie les causes psychologiques suivantes :

- ✔ Une faible estime de soi.
- ✔ Des critiques reçues de la part de proches.
- ✔ La recherche d'un idéal du corps. À force d'une focalisation sur un défaut imaginé ou minime, le malade développerait une hypersensibilité plus générale à son apparence.

Afin de procéder à un dépistage, voici quelques questions fréquemment posées :

- ✔ Êtes-vous préoccupé par l'apparence de votre visage ou de votre corps ? Si oui, quelles sont vos préoccupations ? À quel point êtes-vous insatisfait ?
- ✔ Combien de temps dans une journée ces préoccupations sont-elles présentes à votre esprit ?
- ✔ Avez-vous tenté quelque chose pour cacher ou vous débarrasser du problème ?
- ✔ Ces préoccupations affectent-elles certains domaines de votre existence : école, travail, vie sociale et familiale ?

La présence d'un ou plusieurs signes suivants dépasse le champ des préoccupations normales de l'adolescent à propos de son apparence, et évoque fortement une dysmorphophobie :

- ✔ Les préoccupations causent une souffrance significative et une anxiété particulièrement importante lorsque le sujet est contraint d'affronter des situations d'exposition.
- ✔ Elles limitent la vie relationnelle : sociale, familiale, scolaire ou professionnelle.
- ✔ Ces préoccupations sont incontrôlables et présentes plusieurs heures par jour. Le degré d'envahissement intérieur témoigne de l'intensité du trouble.
- ✔ L'adoption de comportements compulsifs – camouflage, contrôle de l'apparence, besoin d'être rassuré – occupe une grande part de la journée.

Si vous pensez souffrir de cette pathologie, n'hésitez pas à consulter un médecin.

Les thérapies cognitives comportementales associées à des antidépresseurs semblent être les principaux traitements proposés actuellement.

En cas de pathologie psychiatrique, les interventions de chirurgie plastique ou de dermatologie demeurent, dans la plupart des cas, insatisfaisantes.

3

Astrologie : la planète angoisse

L'addiction est, depuis quelques années, un sujet à la mode, un sujet « tendance », comme diraient les journalistes. Pas une semaine sans qu'un magazine ou une émission de télévision n'aborde le sujet. Parfois sérieusement quand il s'agit de cocaïne, d'alcool ou de tabac, parfois plus légèrement. Chacun de nous peut y trouver son compte et se découvrir accro à quelqu'un ou à quelque chose.

La question de savoir si tout peut être considéré comme une addiction revient régulièrement dans les conversations quotidiennes. Ce « tout » peut même inclure la dépendance au chewing-gum, à la télévision, à la lecture, mais aussi à l'astrologie ou à la voyance. Il est surprenant de constater le nombre de femmes assujetties à cette pratique : jeunes, moins jeunes, célibataires ou mariées, avec ou sans profession... Elles consultent une à deux fois par mois leur voyante ou astrologue attitrée, et parfois davantage. Sans parler des périodes de crise ! La plupart avouent ne plus pouvoir s'en passer et commencent d'ailleurs à s'inquiéter de cette nouvelle assuétude.

Ces nombreuses confidences de femmes nous incitent à réfléchir et à nous interroger : pouvons-nous, d'une part, classer tout et n'importe quoi – nos passions ou nos manies – dans le registre des addictions ? D'autre part, dans quelle mesure s'agit-il de dépendance quand il est question d'astrologie ?

Si nous considérons que la dépendance entraîne des modifications cellulaires, comme celles engendrées par le jeu pathologique ou le tabac, alors le chewing-gum, la télé ou l'astrologie ne peuvent être considérés comme telle.

En revanche, nous ne saurons être si catégoriques si nous nous référons aux critères de Goodman, énoncés à la fin de cet ouvrage. Par exemple, l'astrologie offre un recours, un soulagement contre la dureté du monde. Il y a donc bien une analogie entre l'astrologie/voyance et les substances psychoactives dans le sens où ces comportements aident à apaiser – de manière illusoire à moyen et long terme – une souffrance. Mais est-ce suffisant pour affirmer qu'il existe bien une dépendance à cette pratique, c'est-à-dire une perte de contrôle, une impossibilité de résister à l'acte de consulter, une monopolisation de la pensée, etc. ?

Il semble impossible d'aborder ce sujet sans évoquer la date du 11 septembre 2001. Ces terribles événements n'ont pas tardé à provoquer les délires les plus impensables au sujet de prétendues prédictions qui auraient annoncé le drame. Quelques heures à peine après l'effondrement de la seconde tour, alors que la planète entière restait figée dans l'horreur, encore sous le choc des images, voyants, astrologues, numérologues ou mages de toutes sortes se lançaient dans des calculs infinis, espérant prouver qu'il était bien écrit, quelque part, qu'un drame de cette ampleur allait survenir ce jour-là. Depuis, les ouvrages sur le sujet ont connu un engouement sans précédent. Si le 11 Septembre a pu être prédit, cela signifie-t-il que notre vie soit tracée à l'avance, que nous puissions contrôler notre avenir, et donc le modifier ? Tel est, en tout cas, le message adressé au plus grand nombre. Et un grand nombre adhère à cette idée, sans aucune retenue. À en croire les chiffres, les horoscopes n'ont jamais rencontré un si grand succès qu'aujourd'hui. Selon un sondage de la Sofres, nous serions 90 % à accorder un intérêt à notre signe astrologique et 50 % à croire en ses influences.

Pourtant, une étude sur les prévisions les plus répandues – fin du monde, apocalypses, guerres, etc. – démontre que moins de 1 vision sur 100 000 se concrétise. D'autre part, une expérience réalisée en 2001 et publiée dans la très sérieuse revue *Science* révèle que la probabilité de chances pour un voyant de deviner la ou les mains – gauche, droite, aucune ou les deux – qu'un individu va poser sur un support déterminé est égale, voire inférieure, au hasard, c'est-à-dire 1 chance sur 4.

Cela n'empêche pas la multiplication des cabinets de médiums : 40 000 voyants sont déclarés en France et la plupart d'entre eux avouent vivre confortablement de leurs « dons ». Et cela ne date pas d'hier. Qui n'a entendu parler des oracles de la pythie de Delphes ? De même en matière d'astrologie. Né des observations des premiers astronomes dans la Babylone antique au IIIe millénaire, cet « art » s'appuie sur l'ancienneté de ses pratiques pour affirmer l'authenticité de ses propos. Les calculs astrologiques partent du postulat que, mathématiquement – par le thème astral, entre autres – notre destin est tracé dès la première seconde de notre naissance par la position des astres dans la sphère céleste. Cependant, aucune preuve scientifique ne vient valider cela. En sciences, aujourd'hui, la théorie selon laquelle nous pourrions prédire l'avenir n'est pas vérifiée. D'une part parce que nous considérons qu'aucun organe biologique ne permet de prédire ou de ressentir le futur. D'autre part parce que dans le domaine des sciences physiques la théorie moderne démontre que le temps est une variable constante, mais qu'en aucun cas il ne peut faire marche arrière. Autrement dit, en l'état actuel de nos connaissances, nous ne pouvons pas remonter le temps. Ni aller dans le futur, d'ailleurs. Notons également que la science et en particulier l'astrophysique ne cesse de démontrer l'inexactitude des théories astrologiques en affirmant que les planètes exercent moins d'influence sur l'homme que les objets de sa vie quotidienne. Mais surtout parce que l'axe de la Terre tournant sur lui-même, tous les signes du zodiaque se sont décalés au fil des siècles. Cela signifie par exemple que les natifs du Capricorne sont en fait des Balance ou des Verseau, et ainsi de suite... Enfin, quelles affres durent affronter les autoproclamés « pros des astres » quand, au dernier congrès de l'Union astronomique internationale (UAI), à l'été 2006, fut discuté le nombre de planètes : 8, 9, 10 ou 12 ! Si UB 313, une planète plus grande que Pluton, découverte en 2003, avait été acceptée comme dixième planète du système solaire, alors des centaines d'astres, dits transneptuniens, à la masse et à l'influence supposées égales à UB 313, auraient dû être également pris en compte dans les calculs des thèmes astraux. Voilà de quoi rendre bien incertaines des prédictions annoncées si précises. Ces nombreuses approximations ne permettent en aucun cas à l'astrologie de revendiquer sa place parmi les sciences.

Elle demeure une croyance. Une superstition. Et souvent un art de faire du commerce ou du profit en se jouant de l'angoisse d'autrui.

Peu importe ! Ces allégations n'atteignent que les esprits rationnels et sceptiques, les autres – une grande majorité – scrutent leur horoscope ou se précipitent chez leur voyant au moindre doute ou à la plus petite angoisse existentielle.

Bien heureusement, tous n'en deviennent pas dépendants : il y a ceux qui consultent par curiosité, par attirance pour les pratiques occultes ou par envie de tester ces drôles de pouvoirs en comparant les prédictions à la réalité. Cette catégorie de clients ne s'expose à aucun danger. Elle n'abuse quasiment jamais de consultations et surtout n'agit pas en fonction de ce qui est prédit ou révélé.

Puis il y a les autres, ceux qui ressentent le besoin d'être écoutés, conseillés, pris en charge, aidés et surtout guidés par des « forces supérieures » face à un choix ou à une décision personnelle à prendre. Ceux ou celles qui se retrouvent dans des situations de désespoir et qui ne demandent qu'à entendre que tout ira mieux. Ils investissent ainsi les voyants d'un rôle social et psychologique important : celui de soulager leur peine, leur peur et leurs angoisses.

Le chômage, la crise, la violence, la solitude affective, la peur de la maladie font le lit d'un malaise social qui pousse à chercher aide et réconfort chez les voyants et les astrologues. Parce qu'elle ne produit ses effets qu'à moyen ou long terme, parce qu'elle est coûteuse aussi et qu'elle est mal connue, la psychanalyse demeure un recours réservé à une minorité. Sans oublier la disparition de la confession religieuse et le manque de temps des médecins. Cette absence générale d'écoute, d'accessibilité et de disponibilité laisse donc la plupart des gens seuls face à leur mal de vivre. Parmi eux, des femmes, une majorité de femmes !

Comme nous l'avons expliqué dans la première partie de cet ouvrage, nombreuses sont celles qui appréhendent le temps qui passe, qui redoutent l'avenir. Elles sont atteintes de ce mal très actuel : l'anticipation anxieuse. Plus que de la voyance, elles recherchent un réconfort, des certitudes et sont prêtes à payer très cher, parfois, pour que quelqu'un les rassure. Ces femmes-là s'exposent au danger de la dépendance comme ce fut le cas de Valérie, accro aux consultations de voyance.

Hospitalisée à la clinique pour consommation abusive et chronique de cannabis, elle poussa un jour la porte de mon bureau pour me raconter une histoire parallèle, la spirale infernale dans laquelle elle était tombée durant deux ans et demi.

À 30 ans, Valérie était encore célibataire. Malgré de nombreuses liaisons, elle n'avait jamais vécu avec un homme. Elle souffrait terriblement de solitude, d'ennui et d'anxiété à l'idée de ne rencontrer personne et de ne jamais devenir mère. De lourdes inquiétudes paralysantes l'envahissaient fréquemment, et, pour tenter d'apaiser ses angoisses, elle abusait du cannabis. De temps en temps, elle consultait une voyante qui lui annonçait, sans l'ombre d'une hésitation, qu'elle allait rencontrer l'Homme de sa vie. La probabilité de se tromper demeurait faible, car Valérie vivait en effet d'innombrables aventures... et croyait toujours au prince charmant. Les prédictions de la voyante se révélaient donc toujours vraies.

Un jour, Valérie fut présentée à Philippe, 50 ans, le directeur de la société dans laquelle elle venait d'être embauchée. Il devint son amant et, au bout de quelques mois, lui promit qu'il allait divorcer pour recommencer sa vie avec elle. Il n'en fit rien. Lasse d'attendre, Valérie décida alors d'aller consulter une voyante, « exceptionnelle, celle-ci », selon les dires d'une de ses amies. La médium ne lui donna que très peu d'espoir sur sa liaison du moment mais « vit » qu'une autre rencontre se profilait. Elle lui demanda 150 euros. Trois mois plus tard, constatant qu'aucun homme nouveau n'arrivait dans sa vie, Valérie retourna consulter la dame qui, cette fois, précisa sa prédiction : « Je vois un homme de lettres. Du soleil. Un pays chaud. La rencontre est imminente : 150 euros. » « J'étais arrivée chez elle dans un état de profonde déprime, raconta Valérie, et je suis ressortie "gonflée à bloc" et pleine d'espoir. J'avais juste besoin d'entendre que quelque chose d'heureux allait m'arriver. En fait, dès que je sentais monter une inquiétude, je passais la voir et ressortais soulagée... moyennant toujours 150 euros. Je ne pouvais plus me passer d'elle. Je me suis rendu compte que j'étais dépendante le jour où j'appris qu'elle était partie en vacances pendant deux semaines. J'ai commencé à paniquer, alors j'ai acheté le *Guide de la voyance* et noté les numéros des trente meilleurs médiums. En une semaine, j'en avais vu une dizaine. Aucun d'entre eux ne me prédisait les mêmes événements. Cela m'a coûté 950 euros. En plein désarroi, je me suis même rendue chez une gitane vivant dans une roulotte qui m'a pris 60 euros pour me raconter n'importe quoi. Puis j'ai consulté les voyantes par téléphone à 25 euros la question. Ce fut le début de la fin. Les prédictions se révélaient contradictoires, je ne savais que penser. Je devenais folle d'anxiété. Les unes m'affirmaient que Philippe était l'homme de ma vie, les autres ne me laissaient aucun espoir avec lui, mais m'annonçaient une autre rencontre. J'aurais payé n'importe quoi pour qu'on me rassure sur mon avenir, qu'on me dise enfin que tout allait s'éclairer pour moi. Je passais des soirées entières à reprendre chaque détail des prédictions – car je notais tout ce qu'on me disait – pour vérifier si elles se réalisaient. Je ne parvenais même plus à agir et réfléchir par moi-même. Dès l'instant où je devais entreprendre quelque chose, prendre une décision, j'appelais une voyante. Pour n'importe quoi : on s'est disputés ; va-t-il me rappeler ? 25 euros. Je n'ai pas réussi à le joindre ; est-il avec une autre femme ? 25 euros. Mon chef de service m'a proposé un nouveau poste ; dois-je accepter ? 25 euros, et ainsi de suite. Dès que je faisais une nouvelle rencontre – collègue, ami d'ami, client –, j'essayais de repérer si tel ou tel détail correspondait à ce que les voyantes m'avaient annoncé pour savoir si l'homme en question était le bon. J'étais comme lobotomisée, je vivais dans mon monde. Je fonctionnais comme une droguée, et cette drogue m'a ruinée. J'ai dépensé près de 18 000 euros en deux ans et demi, ce qui ne m'a pas empêchée de continuer. Il m'arrivait de téléphoner cinq à six fois dans la même journée. En même temps, je me sentais de plus en plus mal, isolée du monde extérieur. Jusqu'au jour où un ami, mon colocataire, m'a avoué être au courant de tout grâce à mon relevé de compte bancaire. Je n'ai pas nié car j'avais besoin qu'on me sorte de là. Il m'a aidée et nous avons déménagé. Aujourd'hui, je vis avec lui. Aucun homme de lettres, aucun prince charmant venant d'un pays chaud n'est, à ce jour, venu m'enlever. »

Le cas extrême de Valérie réunit une grande majorité de critères de dépendance :

- ✔ L'impossibilité de résister à l'impulsion du passage à l'acte addictif, en l'occurrence l'acte de consulter voyant, extralucide ou autre prédicateur.
- ✔ La sensation croissante d'angoisse précédant le début du comportement.
- ✔ Le soulagement après avoir consulté.
- ✔ La perte de contrôle et de choix.
- ✔ La monopolisation de la pensée.
- ✔ La poursuite du comportement en dépit de la connaissance des conséquences négatives, en l'occurrence les sommes d'argent dépensées.

- ✔ Le besoin d'augmenter l'intensité ou la fréquence de l'acte pour obtenir l'effet désiré.
- ✔ L'apparition d'un état d'angoisse dès l'instant où l'acte est contrarié, voire différé.

Dans le cas de Valérie, nous ne pouvons reprocher à ces professionnels de la voyance de l'avoir précipitée dans une telle dépendance.

Les motivations des médiums ne peuvent se résumer à ce seul objectif. Certes, tous « travaillent » pour gagner leur vie ; certains œuvrent aussi pour aider et soulager leurs clients. Nous pouvons donc les qualifier de « voyants honnêtes ». D'autres, en revanche, que je nommerai « profiteurs d'angoisse », tentent d'exercer un certain pouvoir sur les gens en les effrayant, en les impressionnant ou en les persuadant qu'ils ont besoin d'eux. Ces « pros de l'avenir » affirment posséder des aptitudes surnaturelles leur conférant le pouvoir d'apporter des informations et d'exercer une influence sur les événements futurs. Ils incitent leurs clients à revenir fréquemment jusqu'à ce que ces derniers ne puissent plus vivre sans eux. Ce fut le cas de Bénédicte que je n'ai jamais rencontrée.

À la suite d'une émission consacrée aux addictions à laquelle je participais, elle m'avait envoyé un mail dans lequel elle racontait sa dépendance à l'astrologie et l'enfer qu'elle vivait au quotidien. Elle désirait me consulter pour « se faire soigner » :

« Existe-t-il un traitement pour guérir de cette addiction ? m'écrivait-elle. Dois-je me faire hospitaliser ? Je suis prête à tout pour m'en sortir. » Lorsque je pris connaissance de son histoire, évocatrice d'un syndrome d'influence, je lui indiquai les coordonnées d'un médecin spécialiste de sa région susceptible de l'accueillir au plus vite.

Bénédicte avait 32 ans lorsqu'elle fit la connaissance d'Antoine. Après trois ans de relations houleuses et la naissance d'un enfant, la situation se dégrada et Antoine finit par quitter le domicile conjugal pour une jeune femme. À la suite de nombreuses et vaines tentatives de séduction pour récupérer son conjoint, elle décida d'aller consulter un voyant sur les conseils avisés d'une amie qui, elle aussi, « connaissait un supergourou ».

« Je n'avais plus rien à perdre, du moins c'est ce que je croyais. Il semblait très attaché à sa nouvelle conquête et j'avais épuisé toutes les stratégies pour le récupérer. Il ne me restait plus qu'une seule issue : la magie. » Bénédicte prit donc contact par téléphone avec M. L. qui repéra, sans difficulté, sa vulnérabilité. Cette dernière n'avait pas encore évoqué son problème qu'elle fut priée de communiquer son numéro de carte bancaire : 35 euros la question. Le « diagnostic » fut immédiatement établi par le sorcier : « Votre partenaire est envoûté. Si vous ne l'aidez pas en effectuant un travail de magie blanche, il risque de mourir. » Bénédicte paniqua et accepta.

Chaque soir, elle dut allumer des bougies blanches, répéter des incantations, prélever un cheveu d'Antoine et le faire brûler à l'aide d'une poudre, etc. De son côté, M. L. lui expliquait qu'il priait pour elle et se livrait, selon lui, à des pratiques occultes chaque jour à la même heure. Au bout de dix mois, Bénédicte avait déjà déboursé 2 200 euros. Bien entendu, la situation ne s'améliorait pas. Antoine filait toujours le parfait amour et se portait comme un charme. Lorsqu'elle osa réclamer des explications à M. L., celui-ci répondit : « Je ne vous force pas à continuer. Arrêtez tout et vous verrez... » Il n'en fallut pas plus à Bénédicte pour poursuivre le « travail » : et si Antoine mourait à cause d'elle ?

« M. L. se présentait comme la seule personne qui pouvait m'aider, je l'ai cru. J'étais extrêmement fragile, je me sentais seule, alors j'ai plongé. » À la demande de M. L., Bénédicte se rendit à trois reprises au domicile de son gourou pour des « rituels de purification » : 300 euros la séance.

Et toujours aucun résultat. Bénédicte tomba alors en dépression tout en poursuivant ses pratiques occultes. Somnifères, antidépresseurs, anxiolytiques, absences répétées au travail, etc. Alors qu'elle s'apprêtait à verser la somme astronomique de

7 000 euros empruntée à un ami pour un ultime travail censé faire revenir définitivement Antoine, Bénédicte tomba sur cette émission de télévision et me contacta. Je l'orientai vers un collègue et ami prévenu de la complexité juridique du cas – abus sur personne vulnérable –, puis je n'ai plus eu de nouvelles d'elle. Interrogé, mon collègue me confirma l'avoir reçue plusieurs fois. Elle avait refusé de consulter parallèlement un avocat, « par peur de représailles terribles », lui avait-elle dit.

Cette femme fait partie de ce qu'on peut appeler les proies idéales : désespérées, vulnérables et repérables au premier mot. Leur problème concerne toujours les mêmes domaines : argent, amour, santé et travail. En général, ce genre d'escroquerie commence par une publication dans un journal : publicité pour des voyances téléphoniques vingt-quatre heures sur vingt-quatre ou par Internet. Ces pseudo-consultations sont faites par des personnes n'ayant aucune formation psychologique, d'où le danger. À noter qu'il n'existe, bien sûr, aucun cycle reconnu d'études en la matière. Le supermage explique qu'il possède des pouvoirs immenses et des dons surnaturels, ajoute les faux témoignages de prétendus clients qui, grâce à lui, ont été guéris d'un cancer ou ont fini par trouver l'emploi de leur vie après cinq ans de chômage. Tout ceci accompagné d'un prestigieux CV et de références astrologiques. En bonus, ces marabouts de pacotille offrent une voyance gratuite. Et l'engrenage commence. Un message ne tarde pas à arriver, expliquant que la malchance rôde, ou qu'un mauvais sort émanant de quelque ennemi a été jeté. Si l'intéressé ne réagit pas dans les plus brefs délais, s'il ne fait pas appel aux services du supermarabout, le pire lui arrivera. Seul le mage peut le sauver.

Les statistiques les plus sérieuses révèlent que les trois quarts des victimes finissent ruinées et détruites moralement au bout de un à trois ans. Le dernier quart, en revanche, surmonte son état, sort de sa position de perdant, décide de ne plus consulter et de se prendre en charge. Mieux, certain(e)s attaquent en justice. Ces vendeurs de rêve mettent le client en état de vulnérabilité et de dépendance psychologique. Nous ne sommes pas loin du mode de fonctionnement des sectes avec leurs gourous qui « accrochent » leurs victimes en se servant des mêmes ressorts psychologiques, alternant en permanence terreur et espoir.

Lors de la perquisition de l'appartement d'un marabout, les policiers ont découvert outre un fichier de cartes bancaires, un manuel de prédictions types. Pour un problème financier, il est recommandé au médium de répondre ce qui suit : « Il existe beaucoup d'irrégularité dans vos entrées et vos sorties d'argent » – situation de catastrophe. Puis : « Je vois la couleur de l'or sur vous » – espoir. Pour un souci sentimental : « Il a besoin de vous. Vous êtes des âmes sœurs » – espoir. Puis : « Je vois une ombre sur votre couple. C'est étrange car son cœur va vers vous mais son mental semble bloqué » – obstacle.

En fait, du point de vue du médecin, un « bon » voyant ou astrologue devrait se contenter de donner à son client la petite impulsion psychologique nécessaire à son évolution, de façon à ce qu'il puisse poursuivre sa trajectoire de vie de manière autonome. Ainsi éviterait-il tout risque d'entraîner son client vers une dépendance à l'astrologie ou à la voyance. Mais ce serait sans doute scier la branche sur laquelle repose cet art...

4

Sucre : la came à sucre

Carburant indispensable pour notre cerveau, le sucre est à la fois le pire et le meilleur des aliments, à consommer avec modération lui aussi.

Nous naissons tous avec un goût inné pour le sucre. Certaines observations par imagerie médicale ont démontré que, dès le septième mois, le fœtus avale plus de liquide amniotique lorsque ce dernier contient davantage de glucose. Ce n'est qu'entre l'âge de 6 mois et de 2 ans que l'enfant apprendrait à accepter les aliments sans saveur sucrée. Au fil du temps, le goût pour le sucre diminuerait graduellement chez la plupart des personnes. Chez d'autres, cette attirance persisterait au point de devenir indispensable à leur quotidien, comme par exemple les accros au chocolat, incapables de s'endormir sans leur tablette de noir.

Une patiente nous avoua même sa dépendance aux Chamallows sur fond d'abus de Coca-Cola. Cette dernière souffrait, en fait, d'une pathologie psychiatrique sérieuse. Elle tentait de compenser ses désordres neurobiologiques par un excès de sucre.

Le plus souvent, et sans psychopathologie sous-jacente, certaines patientes abusent du Coca-Cola : leur journée commence par un grand verre en guise de petit déjeuner ! Plus facile et plus rapide à préparer qu'un café avec des toasts et de la confiture ou du miel mais tout aussi riche en sucre et en caféine. La contrainte se poursuit tout au long de l'après-midi, avec un ou deux litres de cette boisson. En pleine nuit, ces femmes sont réveillées par le besoin irrépressible de boire encore quelques verres afin d'éviter de souffrir d'hypoglycémie. Récemment, un cas plus extrême encore nous a été présenté : une jeune femme de 30 ans qui buvait 8 litres de Coca-Cola par jour !

Alors inévitablement la question se pose : peut-on parler de dépendance quand il s'agit de sucre, quand le sujet perd le contrôle de sa propre consommation et met ainsi sa santé en danger ? Aucune étude scientifique ne permet de l'affirmer. Néanmoins, deux réactions liées au sucre trahissent le pouvoir de cet aliment sur le cerveau :

- ✔ L'hypoglycémie – taux insuffisant de sucre dans le sang – qui s'accompagne souvent de manifestations neuropsychiatriques. Cela signifie qu'un manque de sucre dans le sang puis dans les cellules du cerveau entraîne de profondes modifications de notre fonctionnement cérébral : modifications de l'humeur, de la pensée, mais aussi de la vigilance, pouvant aller jusqu'au coma en cas d'hypoglycémie profonde ou prolongée.
- ✔ L'ingestion de sucre qui stimule les zones du cerveau associées à la récompense et au plaisir, les mêmes que celles activées par la prise de substances psychoactives : les récepteurs opioïdes ! Cela pourrait expliquer l'absorption compulsive de sucre observée chez certains fumeurs de cannabis, chez les usagers d'héroïne mais aussi chez les consommateurs de tranquillisants et de somnifères.

Les aliments sucrés sont, de plus, très souvent perçus comme une récompense, notamment chez les plus petits. Comment oublier les phrases traumatisantes de notre enfance : « Si tu n'es pas sage, tu seras privé de dessert ! » Un tel apprentissage ne peut que nous faire associer ces douceurs au réconfort et au plaisir. De là à en devenir accro !

Selon les nutritionnistes, la réponse est négative. Il ne s'agirait pas de dépendance, mais simplement d'un déséquilibre alimentaire qu'il faudrait réguler pour freiner et non arrêter la consommation de sucre qui, rappelons-le, représente la principale source d'énergie du cerveau. En son absence, le cerveau cesse immédiatement de fonctionner normalement. Si la carence en glucose est prolongée, les dommages deviennent irréversibles, et si elle n'est pas corrigée en urgence par un apport de glucose, le coma et la mort peuvent survenir. Mais sans imaginer le pire, il suffit de souffrir d'une petite baisse de sucre dans le sang pour susciter dans le cerveau un état de manque. En fait, si l'organisme ne possède pas assez de réserves alimentaires en sucres lents pour s'approvisionner de façon régulière, le taux de glucose sanguin va immédiatement chuter et passer en dessous de 0,8 gramme/litre. Le cerveau va alors sécréter de l'adrénaline qui va libérer le sucre emmagasiné dans le foie et les muscles. L'énergie musculaire va chuter, le taux de sucre dans le sang va brutalement baisser, et très rapidement la personne va se retrouver en hypoglycémie avec un irrésistible besoin de consommer du sucre. Le cerveau va, alors, envoyer des signaux de détresse à travers de multiples symptômes : malaise, sueur froide, évanouissement, perte d'énergie, tremblements, fatigue générale, troubles de la vision, maux de tête ou de ventre, palpitations, chute de la concentration, irritabilité, etc.

À noter qu'il n'est pas nécessaire de ressentir tous ces symptômes pour souffrir d'hypoglycémie.

La prise instantanée de sucre suffira pour rééquilibrer ces désordres. Cependant, si la personne souffrant d'hypoglycémie cède systématiquement à la tentation sucrée sans modifier ses habitudes alimentaires, elle risque de tomber dans l'engrenage des troubles chroniques de la glycémie – taux de sucre dans le sang – avec toutes les conséquences néfastes à long terme pour sa santé physique et morale. Pour n'en retenir que quelques-unes, citons le diabète non insulino-dépendant, l'apparition de furoncles et d'infections cutanées à staphylocoques – dorés ou blancs –, l'obésité.

Effectivement, cette sensation de manque peut donner l'impression d'une dépendance au sucre. Après ingestion de cet aliment, un sentiment de mieux-être apparaît, suivi d'une hypoglycémie puis d'une reconsommation de sucre pour se sentir à nouveau bien. Il existe donc un engrenage qui pousse à consommer et reconsommer du sucre. Ce processus rappelle étrangement la prise de drogue. Selon certaines études, environ 10 % de glucides ou équivalents sucrés seraient « cachés » dans une cigarette...

Mais attention, contrairement aux idées reçues, la consommation modérée de sucre, comme de manger un gâteau de temps en temps, ne fait pas grossir. À quantité égale, le sucre est deux fois moins calorique que la graisse, mais la « dangerosité » de cet aliment tient dans le fait que, une fois ingéré, l'organisme en réclame encore et encore.

Le sucre appelle le sucre !

Alors comment se libérer de cette frénésie qui s'empare quotidiennement de certain(e)s ?

Il semble aussi difficile de demander à un hypoglycémique d'éliminer complètement le sucre de son alimentation que de retirer le tabac à un tabaco-dépendant, ou l'alcool à un alcoolo-dépendant. Afin d'éviter les symptômes de manque, il est recommandé de diminuer progressivement de son alimentation les sucres rapides, pour ensuite les arrêter totalement. Insistons sur le « totalement » car, comme pour le tabac, il suffit de succomber une fois pour que se déclenche la réaction en chaîne de l'hypoglycémie.

Il existe des régimes favorisant le sevrage. Établis à partir de légumes et de protéines, ils contribuent à se libérer du besoin irrépressible de sucre. En fait, il faut parvenir à minimiser la consommation de mauvais glucides pour privilégier les bons glucides. On appelle bons glucides les aliments ayant un taux glycémique bas. Ils donnent lieu à une libération modeste, voire faible, de glucose dans l'organisme, et ainsi à une élévation réduite de la glycémie. Ces bons glucides se trouvent dans les céréales entières, les aliments complets comme le riz entier, les pois, fèves et lentilles, les fruits et tous les légumes verts contenant une grande quantité de fibres et très pauvres en sucre. Les mauvais glucides sont ceux dont l'ingestion déclenche une forte augmentation de la glycémie. Celle-ci provoque une sécrétion importante d'insuline, hormone sécrétée par notre pancréas pour faire entrer le glucose dans les cellules et diminuer le taux de sucre dans le sang. C'est le cas du sucre blanc, des farines blanches, du pain blanc, des pâtes blanches, du riz blanc, du maïs, du pop-corn, etc. En d'autres termes, comme le déplore la majorité des gourmands, « tout ce qui est bon ». Mais attention, derrière ces saveurs au doux parfum d'enfance de bonbons, de gâteaux à la crème ou de Nutella se cache parfois, lorsqu'on en abuse, un réel danger.

Nous sommes, en fait, tous dépendants du sucre, comme nous le sommes de l'oxygène, de l'eau et des calories pour vivre. Notre cerveau, notre cœur, nos muscles, bref toutes nos cellules vivantes ne peuvent fonctionner sans glucose. Mais tout comme l'oxygène dont l'abus est nuisible pour les membranes cellulaires et alvéolaires, tout comme l'eau dont l'abus – la potomanie – peut conduire à l'éclatement des cellules cérébrales, tout comme les calories dont l'abus entraîne l'obésité et l'obstruction progressive des vaisseaux sanguins – athéromatose – en cas de surcharge en graisse, l'abus de sucre est mauvais pour la santé !

En d'autres termes, pour le sucre comme pour tant d'autres éléments vitaux, le mieux est l'ennemi du bien.

Quelques mots en guise de conclusion

Le retard culturel et social dans la prise en charge des addictions, l'attitude trop conventionnelle du corps médical, son manque de structuration mais aussi la rigidité de notre système de santé ont laissé le champ libre à cette maladie qui a pris de plus en plus de place dans l'univers féminin.

Les femmes souffrent d'addiction et, dans ce domaine aussi, elles sont encore victimes d'inégalités.

Émettons le vœu que cet ouvrage contribue, même modestement, à éveiller les élans, les bonnes volontés, la part d'humanité que porte en elle la médecine pour que ce chantier si fragile des addictions aboutisse à une égalité de traitement, médical et social, entre les femmes et les hommes.

Critères de la dépendance selon Ariel Goodman[1]

- ✔ Impossibilité de résister à l'impulsion du passage à l'acte addictif.
- ✔ Sensation croissante de tension précédant immédiatement le début du comportement.
- ✔ Soulagement ou plaisir pendant sa durée.
- ✔ Perte de contrôle dès le début de la crise.

Présence au moins de 5 des 9 critères suivants

- ✔ Monopolisation de la pensée par le projet et le comportement addictifs.
- ✔ Intensité et durée des épisodes plus importantes que souhaité à l'origine.

1. A. GOODMAN, « Addiction, Definition and Implications », *British Journal of Addictions*, 1990.

✔ Tentatives répétées pour réduire, contrôler ou abandonner le comportement.

✔ Temps important consacré à préparer les épisodes, à les entreprendre ou à s'en remettre.

✔ L'engagement dans le comportement addictif est tel qu'il empêche l'individu d'accomplir les gestes parfois les plus élémentaires (se laver, se nourrir) et le conduit à un désinvestissement social, professionnel et familial.

✔ Survenue fréquente des épisodes lorsque le sujet doit accomplir des obligations professionnelles, familiales ou sociales.

✔ Poursuite du comportement malgré l'aggravation des problèmes sociaux et en dépit de la connaissance des conséquences négatives.

✔ Tolérance marquée, c'est-à-dire besoin d'augmenter l'intensité ou la fréquence pour obtenir l'effet désiré, ou diminution de l'effet procuré par un comportement de même intensité.

✔ Agitation, irritabilité et surtout angoisse si le passage à l'acte addictif est différé, empêché.

BIBLIOGRAPHIE

HERITIER Françoise, *Hommes, femmes, la construction de la différence*, Éditions le Pommier/Cité des sciences et de l'industrie, 2005.

HIRIGOYEN Marie-France, *sous emprise : les ressorts de la violence dans un couple*, Oh! Éditions, 2005.

JEANNEROD Marc, *Le Cerveau intime*, Odile Jacob, 2005.

BENOIT-BROWAEYS Dorothée, VIDAL Cathérine, *Cerveau, sexe et pouvoir*, Belin, 2005.

Merci à Ana, la danseuse « addict »,
pour son soutien sans faille et ses lumineux conseils.

TABLE DES MATIÈRES

III
FEMMES ET COMPORTEMENTS ADDICTIFS

IV
À LA FRONTIÈRE DES ADDICTIONS

Photocomposition Nord Compo
Villeneuve-d'Ascq (Nord)
*Imprimé par **Bussière***
à Saint-Amand-Montrond (Cher)
pour le compte des Éditions Calmann-Lévy
31, rue de Fleurus, Paris 6ᵉ
en mars 2007

Dépôt légal : avril 2007
N° d'éditeur : 14258/01
N° d'imprimeur : 071044/4

Imprimé en France